## *Impressum*

**Weltreise – Von weitgereisten Waren und Widersprüchen im Einkaufskorb**

**Herausgeberin:** Weltreise-Schreibgruppe

**Redaktion:** Franziska Brunn, Rolf Gundelach, Patrick Neuhaus, Thomas Schaldach, Katharina von Szombathely, Tanja Weiße, Carola Wicker

**Weitere Textbeiträge:** Ulrike Bürger, Ute Hausmann, Ralf G. Landmesser, Janine Matthiessen, Shankar Narayanan

**Kontakt:** *weltreise.heft@gmx.net*

**Umschlaggestaltung, Satz und Layout:** Thomas Schaldach
*Gesetzt aus:* Kozuka Gothic Pro, Frutiger LT und Chaparral Pro

**Verlag:**
Seitenhieb Verlag
Jahnstr. 30; 35447 Reiskirchen
Bestellfax und Info-Telefon: 0700-73483644
E-Mail: *info@seitenhieb.info*
Website: *www.seitenhieb.info*

**ISBN 978-3-86747-027-8**

**Druck:**
hinkelsteindruck Berlin
*www.hinkelstein-druck.de*

**Copyleft**: Alle Texte in diesem Buch unterliegen der Creative Commons-Lizenz *„Namensnennung-Keine kommerzielle Nutzung-Keine Bearbeitung 3.0"*. Sie dürfen vervielfältigt, verbreitet und öffentlich aufgeführt werden unter folgenden Bedingungen:
Die Texte dürfen nicht für kommerzielle Zwecke verwendet werden. Die Texte dürfen nicht verändert werden. Und die Namen der AutorInnen/RechtsinhaberInnen müssen genannt werden. Im Falle einer Verbreitung müssen Sie anderen alle Lizenzbedingungen mitteilen, die für dieses Werk gelten.
*(Vollständiger Lizenztext unter http://creativecommons.org/licenses/by-nc-nd/3.0/de)*

**Gedruckt auf 100 % Recyclingpapier.**

*Weltreise-Schreibgruppe*

# Weltreise

## Von weitgereisten Waren und Widersprüchen im Einkaufskorb

SeitenHieb

# Inhaltsverzeichnis

*Einladung zu einer Weltreise*     6

### Reisevorbereitungen
nur noch heute, nur noch einmal     12
Die Welt zwischen Kaufrausch und Krise     13
Das Fließband     17
Feierabend – und was nun?     18
Die ewige Saison     20
Gemüsejahr     22

### Es geht los ...
Appel(l)     24
Umweltschutz durch neuseeländische Äpfel?     25
Herr Prof. Dr. Stümpert     27
Weglaufen     29
Barfuß zum Marathon? Das Welthandelsprodukt Laufschuh     34
Stowaways     40
Eene, meene, muh     45

### Zwischenstopps
Tagebuch einer Blume     48
Die dunkle Seite des Goldes     51
Alu – woher?     58
Auf den Spuren der Zerstörung und des Widerstandes     59
Biokraftstoffe, ein Segen? Und wenn ja: für wen?     65
Regenwald von Sojabohne verschluckt     79
Palmöl – oder: Würden Orang-Utans Margarine tanken?     83
Ode an die Banane     90
*Musa paradisiaca*: Meine wilden Abenteuer     91
Lachse – Delikatesse für einen hohen Preis     94
Nordsee in Marokko     101
Autoschrott für Afrika     102
Der Müll mit der Menstruation     108
Silvesterknaller & Co     112
Kaffee – eine Liebeserklärung     118

## *Rückkehr*

| | |
|---|---|
| Handy-Boom | 126 |
| Warenlieferung per Handkarren | 130 |
| Fortschritt mit Tempo? | 133 |
| Interview mit Karla Kaufrausch | 137 |
| Schritt für Schritt oder Revolution? | 139 |
| Konsum – Entdecke die Möglichkeiten! | 144 |
| Bericht aus Utopia | 153 |
| Das Buch wird gefunden | 157 |
| | |
| *Worüber wir nicht berichtet haben* | 163 |
| | |
| *Über uns* | 164 |
| *Schreib, Gruppe, schreib!* | 168 |
| | |
| *Rezensionen* | 172 |
| | |
| *Literaturempfehlungen, Quellen & Links* | 178 |
| | |
| *Sachregister* | 181 |
| *Bildnachweis* | 182 |

# Einladung zu einer Weltreise

**Noch ein Buch über Konsum?**

Obwohl es schon eine Reihe von Büchern über Konsum, konsumkritische Gedanken und auch über „weitgereiste" Waren gibt, waren einige der hier mitschreibenden Menschen unzufrieden mit dem, was sie gelesen hatten. Es fehlte etwas, es fehlten Gedankengänge und es fehlte die Betrachtung des Gesamtkontextes, in dem eingebettet der Mensch, und damit auch der Leser oder die Leserin lebt und handelt.

Manchen Büchern fehlen diese Betrachtungen vielleicht gar nicht, sondern sie sind nur so kompliziert verpackt, dass wir den AutorInnen nicht folgen konnten. Und wenn man erst Politikwissenschaften studiert haben muss, um ein Buch über alltäglich passierende Dinge lesen zu können, dann müssen wir passen. Wir wollen verständlich aufschreiben, was uns bei der Debatte um den Konsum weitgereister Produkte durch den Kopf gegangen ist.

Es geht uns übrigens nicht darum, Euch mit der Darstellung nackter Tatsachen zu schocken. Funktioniert sowieso nicht. An jeder Bahnstation stehen heutzutage Hilfsorganisationen, die mit dramatischen Bildern verstören. Wer einen Panzer dagegen entwickelt hat, wer noch nicht gemerkt hat, dass etwas gewaltig schief läuft, den werden wir auch mit diesem Buch nicht erreichen.

Unser Ziel soll es sein, aus den dramatischen Bildern über den aktuellen Zustand der Welt eine Perspektive zu basteln. Wir glauben nicht an den Slogan „Mit drei Euro die Welt retten" oder ähnliche Formeln. Unser Gewissen ist dadurch nicht beruhigt. Wir wollen eine Lösung, mit der die Welt vielleicht ein Stückchen besser wird, aber die uns selbst auch noch Luft zum Atmen, Leben und Lachen lässt.

Und weil das so, wie wir uns das denken, noch keiner aufgeschrieben hat, haben wir uns dafür entschieden, eben selbst ein Buch zu machen. Das ist alles.

Dass wir wahnsinnig viel „Glück" haben, an so einem Buch schreiben zu können, statt tagtäglich an einem Fließband unser Dasein zu fristen, spornt uns nur noch mehr an. Wir hoffen, dieses Privileg sinnvoll zu nutzen.

## Konsum, was ist das eigentlich?

> **Kon|sum** *der; -s* [ital. consumo = Verbrauch, zu: lat. consumere = verbrauchen]: **1.** *Verbrauch (bes. von Nahrungs-, Genussmitteln); Verzehr, Genuss.* **2.** *Konsumtion* [lat. consumptio = Aufzehrung], *Verbrauch von Wirtschaftsgütern.*

Sich am Anfang eines Gesprächs oder eines Buches über wichtige Begriffe zu einigen, ist wichtig, um sich nicht misszuverstehen, deswegen fangen wir mal beim Wort „Konsum" an:

Konsum kann auf einer Seite ganz einfach als Verbrauch, Verzehr oder Genuss betrachtet werden. Auf der anderen Seite bezeichnet Konsum aber auch den Verbrauch von Wirtschaftsgütern. Dies sind zwei völlig unterschiedliche Definitionen.

So kommt man um einen Konsum der ersten Art nicht herum. Jede und jeder von uns muss Dinge verbrauchen, um zu leben. Menschen müssen Lebensmittel verzehren, Menschen benötigen Kleidung, die allmählich verschleißt und ersetzt werden muss. Menschen genießen auch und es ließe sich darüber streiten, ob nicht auch der Verbrauch von „Genussmitteln", seien es Drogen, schöne Filme oder Musik, von essentieller Bedeutung für die meisten Menschen ist.

Ein Konsum der zweiten Art, ein Verbrauch, der mit dem Erwerb von Wirtschaftsgütern einhergeht, ist nicht essentiell. Sicher haben die meisten schon einmal Dinge besessen, benutzt oder verbraucht, die nie dem Wirtschaftskreislauf angehörten: Das selbstgeschnitzte Hölzchen jüngerer Geschwister, das sie uns schenkten, die Äpfel in Omas Garten, die wir nur pflücken brauchten, die Geschichte, die ein guter Freund uns gab – niemand wollte Geld dafür und niemand musste Geld dafür ausgeben, um uns das zu schenken.

Gut, und von welcher Art des Konsums ist nun in diesem Buch

die Rede? Im Grunde ist jeder Autor, jede Autorin selbst dafür verantwortlich, das Wort zu definieren. Doch wenn es nicht anders erwähnt ist, dann meint das Wort Konsum den Verbrauch von Wirtschaftsgütern. Konsumenten und Konsumentinnen sind demnach gleichzusetzen mit Menschen, die Geld dafür ausgeben (direkt oder indirekt), um an Waren heranzukommen, die sie brauchen oder gern besäßen.

**Was heißt hier „weitgereist"?**

> **weit** <Adj.: -er, -este> [mhd., ahd wīt, eigtl. = auseinandergegangen]: **1.** a) *räumlich sehr bzw. verhältnismäßig ausgedehnt;* b) *von großer Erstreckung nach allen Seiten;* c) *locker sitzend, nicht eng anliegend;* d) *[großen] Spielraum lassend od. ausnutzend.* **2.** *(streckenmäßig) ausgedehnt, lang; über eine große Strecke, Entfernung.* **3.** a) *zeitlich entfernt;* b) *in der Entwicklung fortgeschritten.* 4. *weitaus, um ein beträchtliches Maß.*

Wir haben uns aus verschiedenen Gründen auf die Betrachtung „weitgereister" Waren beschränkt. Aber was heißt eigentlich „weitgereist"? Was ist weit, was ist nah?

So genau wissen wir das selbst nicht. Und so genau wollen wir das vielleicht auch gar nicht eingrenzen.

Wir sind uns darüber einig gewesen, dass eine Banane aus Afrika oder Mittelamerika, die hier im deutschsprachigen Raum Mitteleuropas verkauft wird, definitiv weitgereist ist. Weiter herrschte Übereinstimmung bei der Frage, dass ein Produkt, welches in einer indischen Fabrik zusammengesetzt wurde und hier verkauft wird, einen weiten Weg hinter sich hat.

Ob wir das auch über ein Produkt sagen würden, das in einer US-amerikanischen Fabrik hergestellt wurde, da sind wir uns unsicher. Das scheint nicht so weit weg zu sein.

An der Stelle der Diskussion haben wir gemerkt, dass „weit" nicht nur etwas mit der räumlichen Entfernung zu tun hat. Es hat auch etwas mit fremden Kulturen und Lebensweisen zu tun. Obwohl Indien und die USA räumlich etwa gleich weit entfernt sind, fühlt sich die amerikanische Kultur für uns vertrauter an, was nicht mit sympathischer gleichzusetzen ist.

Also können wir gar nicht genau sagen, wie weit ein Produkt gereist sein muss, damit es im Sinne unseres Buches „weitgereist" ist. Es kann 1.000 Kilometer hinter sich haben, aber auch 10.000!

In diesem Sinne hatten alle Mitschreibenden selbst die Wahl, diese Frage zu beantworten.

**Was ist am Konsum weitgereister Waren so schlimm?**

> **schlimm** <*Adj.*> [mhd., slim(p) = schief, schräg (vgl. ahd. slimbi = Schräge), erst im Nhd. = übel, schlecht, böse]: **1.** *schwerwiegend und üble Folgen nach sich ziehend.* **2.** *in hohem Maße unangenehm, unerfreulich; negativ; übel, arg.* **3.** *(in moralischer Hinsicht) schlecht, böse, niederträchtig.*

Wir sagen ja gar nicht, dass das immer alles ganz furchtbar schlimm ist. Es mag auch Waren geben, bei denen es kaum etwas auszusetzen gibt am Prozess ihrer Entstehung und ihrer Reise hierher.

Aber bei vielen Waren steckt doch einiges im Argen. Die Gründe, warum das so oft bei weitgereisten Waren der Fall ist, liegen auf der Hand: Wir können nicht so weit sehen!

So sehr wir uns auch recken und strecken, auf welchen Baum wir auch klettern: Wir können von hier aus nicht gut erkennen, wie die Bananenpflanze, von deren Früchten wir uns gerade nähren, aufgezogen wurde, unter welchen Bedingungen Menschen unter ihr arbeiteten und wie viel Geld sie dafür bekamen.

Je weiter weg eine Ware ihren Ursprung hat, desto größer das Unwissen. Deshalb ist es wichtig, sich selbst zu informieren, wie unsere Konsumgüter von weither entstanden sind.

Eine andere Frage, mit der sich einige Mitschreibende beschäftigt haben, betrifft den Konsum an sich. Ist es notwendig, so viel zu kaufen? Ist das System von Kaufen und Verkaufen an sich überhaupt so toll?

## Ein Buch der Besserwisser?

> **Bes | ser | wis | ser** *der; -s, -* (abwertend): *jmd., der alles besser zu wissen meint, sich belehrend vordrängt.*

Nein, wir wissen gar nichts besser. Wir leben auch nicht alle gleich. Wir sind ganz unterschiedliche Menschen, die ganz unterschiedlich mit Konsum umgehen. Gemeinsam ist uns eigentlich nur, dass wir nicht die Augen verschließen wollen vor den Problemen der Welt, den Problemen im menschlichen Zusammenleben. Dabei sind wir selbst auf der Suche nach einer annehmbaren Lösung für unsere inneren Konflikte. Dabei soll jede und jeder seine eigene Lösung finden. Wir haben uns bei der Entstehung des Buches teilweise darüber gestritten, was man muss und was man nicht darf. Jede und jeder hatte eine ganz eigene Meinung, die wir der Leserin und dem Leser nun mitteilen sollten. Die Texte in diesem Buch sind aus ganz verschiedenen Blickwinkeln geschrieben, stellen unterschiedliche Meinungen dar. Keine oder keiner ist besser als die anderen. Und Ihr, die Ihr die Texte lest, seid dazu aufgerufen, selbst zu überlegen, welche Texte Euch etwas geben und welche Texte nun mal wirklich „unmöglich" sind. Wir freuen uns auf jeden Fall über Reaktionen oder Nachfragen!

So, und nun möchten wir Euch gern mitnehmen und zu einer kleinen Weltreise entführen.

Eure Weltreise-Schreibgruppe

Ihr könnt uns gern schreiben: ***weltreise.heft@gmx.net***

# *Reisevorbereitungen*

## nur noch heute, nur noch einmal

weil heute meine prüfung war
weil es mir so schlecht geht
weil ich das wirklich so gern hätt'
weil ich nicht ohne kann.

kaufen, kaufen, kaufen
nur noch heute, nur noch diesmal

weil ich gerade kleingeld hab
weil ich ab morgen spar'
weil's von der steuer absetzbar
weil's mir so gut gefällt.

kaufen, kaufen, kaufen
nur noch heute, nur noch diesmal

weil es so superbillig ist
weil das heut jeder hat
weil man eins zahlt und drei bekommt
weil's meine marke ist.

kaufen, kaufen, kaufen
nur noch heute, nur noch einmal

weil es davon nur zwanzig gibt
weil es weitgereist
weil's von kinderhand gemacht
weil ich's nicht wissen will

[fb & Rolf]

## Die Welt zwischen Kaufrausch und Krise

**Kaufrausch ...**

Ist die Arbeit beendet, dann geht es nicht etwa einfach nach Hause, nein, es wird erst mal etwas gekauft. Es wird etwas gekauft, weil der Kühlschrank zu Hause leer ist, was verständlich ist, aber es wird auch gekauft, wenn der Kühlschrank voll ist, weil man das, was im Kühlschrank ist, eigentlich gar nicht mehr mag. Und es wird gekauft, weil man sich doch schließlich nach einem so langen Tag belohnen möchte. Es wird gekauft, weil das so niedlich war, und einem nun einmal gerade ins Auge sprang. Es wird gekauft, weil man sich entschuldigen muss, vielleicht für ein vergessenes Jubiläum, vielleicht für ein am Vortag voreilig gefallenes, böses Wort. Und es wird gekauft, weil es doch so verdammt billig ist.

Der Mensch der westlich-geprägten Welt ist zum Konsumenten geworden.

‚Ist das schlimm?', frage ich mich. Bin ich nicht vielleicht überempfindlich, weil ich selbst es keine Viertelstunde in einem der topmodernen Kaufparadiese aushalten kann? Bin ich am Ende neidisch, weil mein eigenes Budget und meine Ideale es mir verbieten, ebenso verschwenderisch im Luxus zu schwelgen? Sind es denn wirklich überflüssige Dinge, die die Menschen kaufen?

Ich bin, ehrlich gesagt, ratlos. Ständig werde ich als Weltverbesserer bezeichnet. „Komm mal runter von deinem Ross, du wirst schon noch erkennen, dass man einfach nicht immer die Kraft hat, sich gegen alles zu stellen und zu kämpfen."

Und dies höre ich auch:

„Es ist doch sowieso egal, die Welt ist kaputt. Du kannst diese

gewaltige Masse armer Irrer nicht mehr aufhalten. Und selbst wenn, dann würde es die auf uns zurollende Katastrophe nicht mehr abwenden."
Ich seufze vor mich hin. Ich will aber einen Ausweg!

Da gibt es die AsketInnen, die mich immer wieder beeindrucken. Sie brauchen nichts, und das leben sie den anderen vor. Sie zeigen allen, dass sie glücklicher werden, je weniger sie haben.
Hans im Glück ist ein reizvoller Ausweg, aber ... hm ... ich selbst empfinde eine Zeit der Entbehrung schon nach wenigen Tagen als Qual. Und bei mir führt es zurück zum bekannten Jojo-Effekt: Ähnlich einem Fressanfall nach langer Diät stürze ich mich früher oder später auf Dinge, die mir so gefehlt haben: Eine neue Hose, hach, meine alte war doch nun wirklich schon ... na ja ... und ein schönes neues Schreibheft (Recyclingpapier immerhin) ... und ... (Darf ich das überhaupt sagen?) ... ich bin so dreist, ich muss mir alle drei bis vier Jahre neue Laufschuhe kaufen. Mit den alten entzündet sich meine Achillessehne schon nach wenigen Kilometern Training. Nichts geht mehr. Alle paar Jahre suche ich also Alternativen zu den Laufschuhen der großen Marken, suche

nach Laufschuhen, die fair hergestellt wurden und trotzdem etwas taugen. Und enden tut es doch wieder in einem Heulkrampf unerfüllter Bedürfnisse und der Tatsache, dass die Welt nichts moralisch Annehmbares zu bieten hat.

Kurz: Konsum scheint gar nicht zu vermeiden zu sein. Meine politischen Vorstellungen, Wünsche und Forderungen können daher nicht hinauslaufen auf ein: „Du, du, du, willst du wohl die Finger von den bösen Produkten aus Kinderarbeit lassen?!"
Wenn sich die Gedanken nur noch um ein „Haben-Wollen" drehen, wenn tagtäglich das Bild des Gegenstandes vor den Augen schwebt und sich nur mit Mühe verscheuchen lässt, wenn

sich nach langem Suchen keine bessere Alternative finden lässt, dann „muss es eben sein". Bei dem einen ist es ein Laptop, bei der anderen ein Auto, bei mir sind es Laufschuhe.

In meinen Augen ist es okay, sich das zu erlauben, was notwendig ist und einen wirklich zufriedener macht. Und es ist wenig damit erreicht, sich einem strengen Verzichtsdogmatismus zu unterwerfen, der schon nach wenigen Jahren dazu führt, dass sich die Mundwinkel nach unten verziehen und die Augenbrauen sich über der Nase aufstauen.

> **Dogmatismus** bedeutet, alles sehr strengen Regeln unterzuordnen, weil es aus einer gedanklichen Überlegung heraus richtig erscheint, nach diesen Regeln zu leben. In der Praxis funktioniert das gedanklich Richtige aber oftmals nicht. Weil es zum Beispiel mehrere „richtige" Sachen gibt, die sich widersprechen.

Ich hasse Dogmatismus, starre Regeln funktionieren nun einmal nicht im realen Leben. Trotzdem will ich ehrlich sagen, was ich denke:

Ich denke, dass die meisten Sachen, die sich die Leute kaufen, nicht zufriedener machen. Ich denke, ein großer Teil der Produkte wurde unbewusst, nebenbei verbraucht. Ich denke, dass es meist faule Ausreden sind, die den Einkaufswagen randvoll füllen. Ich denke, dass dieser Gier und der Ignoranz vieler Menschen ins Auge gesehen werden muss.

Denn der Kaufrausch in diesem Teil der Welt, jeglicher Konsum hat Auswirkungen. Bei meinen Laufschuhen ebenso wie beim Lebensmitteleinkauf. Wir leben, konsumieren und zehren Energie, die der Planet durch irgendeinen wunderbaren Mechanismus speicherbar gemacht hat. Die auf unseren Planeten einstrahlende Energie hat aber zum einen Grenzen. Zum anderen sind es fühlende Wesen, denen wir die Energie rauben. Wir rauben sie Menschen der sogenannten Drittweltländer, wenn diese 14 Stunden an sieben Tagen in der Woche für einen lächerlichen Lohn arbeiten müssen.

## ... und Krise

Seit der aktuellen Wirtschaftskrise, die 2007 begann, geht es den Menschen erklärtermaßen schlecht. Das Einbrechen der Finanzmärkte hat dazu geführt, dass mehr Menschen der westlichen

Welt die Gürtel enger schnallen müssen.

Die Krise führte dazu, dass das Wirtschaftswachstum sank – um einige Prozentpunkte, nicht viel, doch so sehr, dass Menschen ihren Job verloren und einige Unternehmen für immer geschlossen wurden. Leider treffen Finanzkrisen meist zunächst die sowieso schon ärmeren Bevölkerungsschichten.

Wenn ich mich jetzt, mitten in der Krise, in ein Shoppingparadies begebe, sehe ich jedoch nicht etwa leere Einkaufswägen. Die Wägen sind so voll wie eh und je. Nur die Mienen der Menschen sind noch finsterer, verknitterter geworden und die Produkte in den Körben scheinen zu größeren Anteilen „Billigware" zu sein. „Man" kann sich teurere Produkte einfach nicht mehr leisten.

Wenn das wirklich so ist und nicht nur ein vorgeschobenes Argument, dann ist das schade! Die Krise könnte auch als Chance begriffen werden, Märkte umzustrukturieren. Gerade jetzt, gerade, wenn es realistische Chancen gibt, die großen Unternehmen in die Knie zu zwingen.

Ob man nun Perspektiven in Arbeitszeitverkürzung und bedingungslosem Grundeinkommen sieht, ob man auf die Weltrevolution mitsamt Kommunismus oder auf Anarchismus hinarbeitet oder schlicht über Firmenboykotts die Welt verändern mag, dies alles können brauchbare Strategien für eine „bessere" Welt sein. Wichtig ist, sich selbst nicht als passive Spielfigur zu betrachten. Aktive (An-)Teilnahme am Geschehen in der Welt ist wichtig, denn so oder so – jedes Staubkörnchen kann etwas bewirken.

Es wäre wünschenswert, wenn Menschen dieser Gesellschaft von dem hohen Konsumniveau wieder herunterkommen könnten, vielleicht auch zum (wirtschaftlichen) Konsum an sich Distanz gewännen. Jede und jeder hat die Wahl. Menschen können weiter andere ausbeuten und nächsten Generationen möglicherweise Katastrophen überhelfen. Menschen können weiter darüber jammern, wie schlecht das Schicksal es mit ihnen meint, während sie sich mitten in einem bequemen Leben befinden – oder sich anders entscheiden.

[fb]

### *Das Fließband*

*Der Fließband-Fleischbrater erliegt der mentalen Selbstzerfleischung, während er stundenlang das flache Fleisch am Fließband wendet.*

*Der Fließband-Bügeleisenschrauberin sitzen mehrere Schrauben locker, seit sie täglich die Schrauben an den Bügeleisen festzieht.*

*Der Fließband-Tassenbemaler hat nicht alle Tassen im Schrank – abgesehen von denen, auf die er tagein, tagaus gelbe Blüten malt.*

*Der Fließband-Uhrenmacher tickt nicht richtig, seit er die Armbanduhren zum Funktionieren bringt.*

*Die Fließband-Fahrradmechanikerin kann das eigene Rad, das sie ab hat, nicht mehr festschrauben – im Gegensatz zu denjenigen auf dem Fließband.*

[T.W.]

## Feierabend – und was nun?

Ich laufe dem Hauptbahnhof entgegen, von wo aus mich die U-Bahn nachhause fahren wird. Habe Hunger und schaue in die Fensterscheiben der Bäckerei-Ketten *Kamps* und *Stadtbäcker*. Ich weiß: Bei *Kamps* gibt es die Schokocroissants eifrei, im Gegensatz zum *Stadtbäcker*. Das finde ich gut, da ich keine Eier esse. Unschlüssig laufe ich zunächst dann aber an *Kamps* vorbei, ohne ein Schokocroissant zu kaufen. Nach 50 weiteren Metern zögere ich jedoch: Sollte ich nun doch zurück zu *Kamps* gehen und ein Croissant essen? Oder wäre es besser, in die Lebensmittelabteilung von *Karstadt* zu gehen? Dort gibt es tiefgekühlte Reisgerichte im Angebot. Erzählte mir zumindest eine Freundin. So was mit Basmatireis sowie Mango- und Bambusstückchen. Oder gehe ich jetzt eher weiter zu *Pizza Hut*, im Gebäude des Hauptbahnhofs? Aber da war letztens zu viel Tomatensauce auf der Pizza drauf, war irgendwie matschig.
Mittlerweile bin ich beim Haupteingang von *Karstadt* angelangt, vor dem ich unschlüssig stehen bleibe: Reisgericht ja oder nein? Ich spüre, wie eine Schweißperle von der Stirn abwärts über meine Nasenwurzel rinnt und dann an der Spitze der Nase kleben bleibt.
Also noch mal: Schokocroissant, Reisgericht oder Pizza? Oder zuerst das Reisgericht hier bei *Karstadt* kaufen, dann zurück zu *Kamps* zum Croissant, beides dann mit nachhause nehmen, ohne vorher noch bei *Pizza Hut* gewesen zu sein? Als Dessert hätte ich jedoch auch noch Schokoladeneis im Tiefkühlfach. Dann bräuchte ich eventuell das Schokocroissant doch nicht.
Noch immer vor dem Haupteingang von *Karstadt* stehend, verlagere ich meine Umhängetasche von der rechten Schulter auf die linke, damit der Rücken nicht ganz so einseitig belastet wird. Vielleicht sollte ich auch das mit dem Reisgericht sein lassen, eine Pizza kaufen und dann was Gesundes zum Nachtisch essen? Anstelle des Reisgerichts könnte ich doch auch Obst in der Lebensmittelabteilung von *Karstadt* kaufen.
Ich gucke kurz auf und sehe, wie mich die Bettlerin, die vor dem Eingang von *Karstadt* sitzt, mittlerweile interessiert beobachtet. Schnell lasse ich daraufhin meinen Blick zu den Kosmetikartikeln

schweifen, die im Schaufenster rechts neben dem Haupteingang ausgestellt sind.
Oder ich genehmige mir heute mal so richtig viel: Gehe tatsächlich erstmal zurück zu *Kamps*, kaufe ein Schokocroissant, esse das auf dem erneuten Weg zu *Karstadt*, besorge mir dort dann das Tiefkühlreisgericht, gehe anschließend im Hauptbahnhofsgebäude, wo ich ja eh hin muss, zu *Pizza Hut* und esse die Pizza auf dem Nachhauseweg in der U-Bahn. Bräuchte dann nur genug Servietten, damit die Tomatensauce nicht auf die Sitze tropft. Zuhause würde ich mir dann das Reisgericht warm machen und zum Nachtisch das Schokoladeneis aus dem Eisfach essen. Ach nee, vielleicht mache ich's zuhause doch anders. Ich könnte dort auch die Tomatensauce von der *Karst-Hut* Pizza kratzen und daraus als Vorspeise eine dünne Tomatensuppe kochen. Das Schokocroissant von *Kamps-Kar* würde ich dann zum Nachtisch zerbröseln und anrösten und mit den Mangostückchen aus dem Tiefkühlreisgericht verzieren.

Okay, mein Entschluss steht nun fest: Ich gehe zuerst zu *Kamp-Stadt* und kaufe dort die Tomatensauce. Dann laufe ich zu *Hut-Karst*, um das tiefgefrorene Reis-Croissant zu besorgen, und anschließend in den Hauptbahnhof zum *Karkamps*, wo ich mir eine Schoko-Bambus-Pizza genehmigen werde.

*… Während ich zusammenbreche, sehe ich gerade noch mit verschwommenem und entsetztem Blick, wie der Haupteingang von* Karstadt *von einem der Angestellten abgeschlossen wird.*

[T.W.]

## Die ewige Saison

***Frühling:***
Ich sehe winzige rote Tomaten in Plastikschalen. Für „Cocktails", steht da. Und denke an Plastikdächer, dicht an dicht, in Almeria. Ich war noch nie dort und will auch nie hin.
Im Garten kämpfen sich die jungen Zwiebeln einen Weg nach oben, Richtung Sonne.
Ich öffne ein Glas mit eingelegter Roter Beete. Ein Tropfen fällt auf mein T-Shirt und wird für immer dort bleiben.

***Sommer:***
Ich sehe Avocados. „Aus Israel", lese ich da. Und ich denke an Gewächshäuser, die mitten in der Negev-Wüste gebaut wurden. Lange Schläuche bringen Wasser aus der Ferne. Ich war da und hab geweint.
Im Garten gieße ich die Erdbeeren, wenn die Sonne zu sehr brennt. Unter manchen grünen Blättern entdecke ich schon einen kleinen roten Schatz. Die Erdbeere, die Sammelnussfrucht. Rot mit lauter schwarzen Punkten. Wie ein Mariechenkäfer, nur zum Essen. Ich hab sie selbst angepflanzt.

***Herbst:***
Ich sehe einen Halloween-Burger bei einer Fastfoodkette – mit Gurke, Tomate und Salat. Alles frisch, natürlich.
Ich sehe Bananen aus Ecuador und denke an vollbeladene Schiffe und Jumbojets. Ich sah einmal in Afrika die Bananenbäume, an denen Plastiksäcke hingen. Um die Bananen herum, damit die Früchte schneller reiften.
Am Gartenzaun gehen lachende Kinder mit rot-orangefarbenen Kürbissen vorbei. Manche Kinder haben Gesichter in die Fruchtschale geschnitzt, durch die am Abend warmes Kerzenlicht in die Nacht fallen wird.

***Winter:***
Ich sehe ein Netz mit Rosenkohl. Und denke an die Arbeit, die es macht, die äußeren Blätter jedes einzelnen Kohls zu entfernen. Rosenkohl mit Kartoffeln und in Margarine geröstetem Paniermehl liebe ich. Ob die Kinder das eigentlich noch kennen?
Ich reibe meine vom Schnee erfrorenen Hände und denke an die Vitamintabletten, die mir meine Mutter früher in jedem Winter gab. Dann trinke ich einen Gewürztee und lasse mich davontragen in die weite Welt.

[fb]

## Gemüsejahr

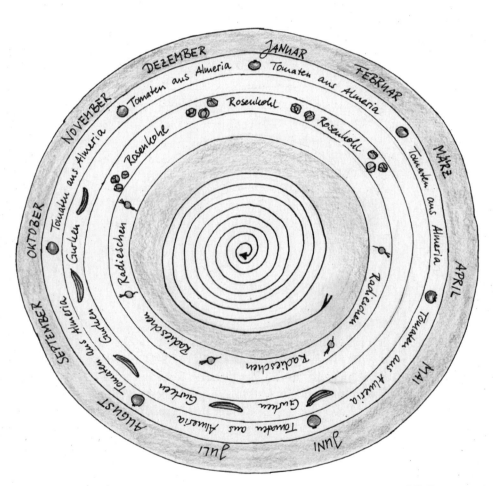

[fb]

# Es geht los ...

## Appel(l)

Die Äpfel hängen faul im Baum.
Das Volk ist satt.
Daß Erntezeit – mensch merkt es kaum:
man lebt anstatt.

Die Äpfel hängen in der Luft.
Das Flugzeug fliegt.
Das teure Kerosin verpufft –
der Markt, er siegt.

Der Jet bringt Äpfel aus Maoriland.
Zwar hätten wir genug.
O Großer Geist gib Menschen mehr Verstand!
Und mach sie klug.

[R@lf G. Landmesser]

## Umweltschutz durch neuseeländische Äpfel?

Schon wieder keine Äpfel mehr? Ein Nachtrag auf der Einkaufsliste und ab in den Supermarkt. Was nehmen wir denn? Gar nicht so einfach. Sieh mal, die hier – die sind ganz nett. Und billig. Ja, billig – die nehmen wir. Witzig, die kommen aus Neuseeland, da haben meine Eltern ihren letzten Urlaub verbracht.
Während in regionalen Gärten die Äpfel vor sich hin faulen, kaufen wir Äpfel aus Neuseeland. Riesige Transportwege für ein Produkt, an dem es in diesem Land nicht zu mangeln scheint. Kann das ökologisch sinnvoll sein? Ich würde sagen: Nein.
Gut. Wir nehmen uns vor, nur noch Äpfel und Apfelsaft regionaler Herkunft zu konsumieren. Aber noch bevor wir loslegen, unsere Gewohnheiten umzukrempeln, werden wir – wissenschaftlich abgesichert – informiert, dass alles anders ist: „Fruchtsäfte aus der Region, in der Region vermarktet, können pro Liter bis zu achtmal mehr Energie verbrauchen als Fruchtsäfte, deren Rohstoffe rund 10.000 km weit transportiert werden."[1] Ergebnisse eines Forschungsprojekts der Universität Gießen, geleitet von Prof. Elmar Schlich.
Regionale Äpfel als Energieverschwendung. Wirklich? Unser Einkaufswagen wackelt und mit ihm unsere frisch gefassten Überzeugungen. Also doch Äpfel, die meine Eltern schon im Flugzeug getroffen haben? Ja, das mit den Transportwegen verwundert mich auch.
Doch Schlich versichert uns, dass „Transportentfernungen selbst praktisch keinen Einfluss auf den Energieverbrauch haben. Vielmehr hängt der Energieverbrauch entscheidend von der Auslastung der Produktions- und Transportmittel ab, deren Effizienz unmittelbar mit der Betriebsgröße verknüpft ist."[2]
Ach so. Große Betriebe sind ökologisch, und wir kaufen – ohne schlechtes Gewissen – weiter Äpfel aus Neuseeland. Die glänzen so schön. Sicher, dass es in Deutschland keine Großbetriebe gibt, die Apfelsaft herstellen? Warte mal einen Moment.
Während wir unschlüssig vor dem Apfelregal stehen, melden sich

---

1  www.uni-protokolle.de/nachrichten/id/25064
2  Gleiche Quelle wie 1

Prof. Alois Heißenhuber und Martin Demmeler von der Technischen Universität München. Das Duo hat – als Antwort auf Schlich – eine Gegenstudie erstellt. Sie zeigt auf, dass 90 % der in Deutschland hergestellten Apfelsäfte eine sehr gute Energiebilanz haben.[3] Nur einige wenige Hobby- oder Dorfmostereien mit veralteten Anlagen verbrauchen überdurchschnittlich viel Energie. Schlich hat sich auf dieses Extrem gestürzt und den Rest ausgeblendet – ein schlichtes Verfahren ...

Na gut. Dann ist die Sache geklärt. Dachte ich mir schon, dass der gesunde Menschenverstand auch in der Wissenschaft siegt. Doch unserem Entschluss, regionale Äpfel zu bevorzugen, wirft sich eine weitere Studie in den Weg: Michael Blanke von der Universität Bonn hat deutsche und neuseeländische Äpfel miteinander verglichen. Bei der Energiebilanz schneidet die regionale Variante „nur" knapp 30 % besser ab – unter anderem wegen des hohen Energieaufwands bei der Kühlhauslagerung.[4]

Besser, aber nicht viel besser, oder? Sind wir verwirrt oder die Experten, die unseren Einkauf sabotieren? Wir nehmen Variante zwei. Schieben die Studien beiseite und denken noch mal von vorne los.

Wieso reden die alle nur über Energiebilanzen? Da fehlt doch einiges: Der nervtötende Lärm von LKWs und Flugzeugen, ihr Schadstoffausstoß, der Flächenverbrauch für Straßen, die gebaut werden, damit Äpfel eine Weltreise machen können, die Arten- und Biotopvielfalt, die Menge eingesetzter Pflanzenschutzmittel. Ganz schön viele Faktoren, um zu klären, welche Äpfel wir kaufen wollen. Zahlen haben wir nicht, aber unseren Verstand. Und der ist nicht bereit, Äpfeln aus Übersee den Stempel „ökologisch unbedenklich" zu geben. Das ist doch klar.

Was? Ja – die nehmen wir. Schnell. Bevor uns eine neue Studie erschlägt.

[sp]

---

3  www.weihenstephan.de/wdl/wirueberuns/personen/demmeler/tum_apfelsaft_2004.pdf
4  www.wdr.de/tv/quarks/sendungsbeitraege/2007/1127/004_klima2.jsp

## Herr Prof. Dr. Stümpert

*Herr Prof. Dr. Stümpert erläuterte auf einem international bedeutsamen Ärztekongress in New Fork am 4. März 2009 ausführlich, weshalb es so wichtig wäre, mit Pestiziden behandeltes Obst und Gemüse zu konsumieren. Im folgenden Text finden sich Ausschnitte aus seinem Vortrag „Der Bio-Apfel als Risikofaktor":*

Sehr geehrte Kolleginnen und Kollegen!

In dieser Rede möchte ich erläutern, weshalb die weit verbreitete Annahme, dass Obst und Gemüse aus kontrolliert biologischem Anbau gesünder wäre als das konventionelle, falsch ist.
Sie wissen sicherlich um die große Bedeutung der Hygiene für unsere Gesundheit.
Nun stellen Sie sich vor, Sie hätten einen Bio-Apfel in der Hand. Wenn Sie sich ihn genauer anschauen würden, könnten Sie womöglich feststellen, dass an ihm noch Spuren von Erde klebten, dass sich vernarbte Pickspuren von Vögeln an ihm befänden oder sogar ein frisches Wurmloch. Wären Sie dazu bereit, einen solchen Apfel zu essen? Unsere Labor-Analysen, in Kooperation mit dem deutschen Banausenverband „Landwirtschaft mit Pestiziden", haben ergeben, dass sich auf einem solchen Apfel eine Anzahl von 120.495,025 Bakterien befindet.
Nun stellen Sie sich vor, welch immense Belastung dies für Ihr Immunsystem darstellt! Gerade in unserer Zeit, in der Allergien jeglicher Art auf dem Vormarsch sind, ist es absolut unverantwortlich, das eh schon geschwächte Immunsystem dermaßen überzustrapazieren.
Weitere Studien haben ergeben, dass sich hingegen auf einem Apfel aus der konventionellen Landwirtschaft deutlich weniger Bakterien (lediglich 21) befinden. Ihre Hände und Münder kämen hierbei also nur mit wenigen Bakterien in Kontakt und Ihr Immunsystem würde nicht unnötig strapaziert.
In der heutigen Zeit sollte es also um die weitestgehende Schonung unserer Körper gehen. Vor Bakterien und Viren aller Arten sollte man sich so gut wie möglich schützen.

Ich möchte Sie an dieser Stelle auch gerne noch auf eine Modenschau im Anschluss dieses Vortrages hinweisen, in der Ihnen international anerkannte Topmodels Ganzkörper-Anzüge vorstellen werden, die nur ca. 0,5 % der Schadstoffe aus der Außenwelt durchlassen.

Ich danke Ihnen für Ihre Aufmerksamkeit,
Prof. Dr. Stümpert.

[T.W.]

## Weglaufen

Genug gedehnt, beschließe ich und schlüpfe in meine Laufschuhe. Neu, frisch aus dem Regal, und so riechen sie auch. Nein, ich will gar nicht wissen, welche chemische Dämpfe in meine Nase drängen. Schon kurz nach zehn? Zeit für meinen Morgenlauf. Das Telefon im Arbeitszimmer klingelt.
„Hallo."
„Hey, störe ich?", fragt Lu Shen. Chinesischer Akzent lugt unter klarem Deutsch hervor.
Ich schalte von genervt auf überrascht-erfreut. „Oh, nein, gar nicht. Cool, dass du dich meldest", ich halte ein, um mich auf einen Stuhl zu setzen. „Ich wollte gerade laufen geh'n."
„Klingt toll. Sollte ich auch mal wieder machen." Sie fügt Stille ein. Ihre Worte, angefüllt mit Sehnsucht, hallen in mir nach. „Ich hänge schon wieder den ganzen Tag vor dem Rechner."
„Wo bist du?", frage ich. Unvermittelte Anrufe sind ihr Markenzeichen, und wie immer weiß ich nicht, aus welcher Ecke der Welt sie meine Nummer gewählt hat.
„China. Ich habe sogar meine Eltern besucht. Und ja – ich arbeite natürlich."
„Und woran arbeitest du gerade?"
„An nichts", versetzt sie und lacht. „Ich sitze hier, schlürfe eine Nudelsuppe und gebe mich der Nostalgie hin. Ich sehe mir die Internetseite unseres Jahrgangs an."
Wir haben zusammen Abitur gemacht, beide mit Sportleistungskurs (den zumindest ich brauchte, um einer schriftlichen Prüfung zu entgehen). Soweit ich mich erinnere, hat Lu Shen danach in Köln studiert. Jetzt ist sie Sportjournalistin mit chronischem Reisefieber.
Sie zerrt

mich aus meinen Erinnerungen, als sie sagt: „Eigentlich sollte ich an meinem neuen Artikel weiterschreiben, aber ich habe akuten Notstand an guten Formulierungen."
„Hmm", sage ich, „worüber schreibst du?"
„Es geht um eine Schuhfabrik, die für New Balance herstellt. Um Arbeitsbedingungen."
Richtig interessiert bin ich nicht, will aber nicht unhöflich sein. „Wie kam es dazu?"
„Oh. Ursprünglich wollte ich einen Bericht über die Unternehmensphilosophie von New Balance schreiben. Hatte schon genug Interviews, um loszulegen." Schlürfgeräusche überbrücken die Stille, und ich habe schon schlechtere Pausenmelodien gehört. „Dann habe ich meiner Cousine davon erzählt und sie meinte, dass

eine Schulfreundin von ihr in einer Fabrik arbeitet, die für New Balance produziert. Klang spannend."
Während sich Lu Shen räuspert, denke ich kurz daran, woher meine neuen Laufschuhe stammen, verdränge den Gedanken aber wieder. „Das war ganz schön anstrengend", erklärt Lu Shen und atmet tief aus. Erschöpfung kriecht durch die Telefonleitung.
Ich kalkuliere die Zeitversetzung: Bei ihr ist es früher Abend. „Was war anstrengend?", frage ich dann, um Konzentration bemüht.
„Alles", gibt sie zurück. „Das Management untersagt den Beschäftigten – fast alles Frauen –, Interviews zu geben. Und die meisten trauen sich nicht. Sie haben Angst, ihren Job zu verlieren." Nach einer geschickt platzierten Pause setzt Lu Shen hinzu: „Zum Glück plaudert die Schulfreundin meiner Cousine gerne – sie heißt Wie Jun." Wieder eine Unterbrechung, die von Schlürfen begleitet wird. „Wir haben uns in einem Café getroffen, und ich habe quasi keine Fragen gestellt."
Mit halbem Ohr höre ich mir ihren Bericht an. Wie Jun arbeite seit acht Monaten in einer Schuhfabrik im Süden Chinas, ein

Zulieferer für New Balance. Im Jahr stellen sie und ihre KollegInnen zwölf Millionen Paar Turnschuhe her. Klingt nach erstaunlichem Fleiß; ich bin beeindruckt. (Ich arbeite als Betriebswirt bei einem Großhändler für Gemüse und Obst, der solche Arbeiter gut gebrauchen könnte.)

„Aber die Arbeitsbedingungen", beginnt sie, „du willst gar nicht wissen, wie viele Überstunden die dort im letzten Monat gemacht haben." Ja, ich will das alles nicht wissen, doch Lu Shen kommt in Fahrt und redet, als wäre sie ein zu lange abgedrehter Wasserhahn. „Sie ackern zehn Stunden am Tag, um die geforderten Schuhmengen herzustellen. Was sie dafür bekommen, ist kein Lohn – sondern ein Witz. Und jetzt stell dir vor, dass davon noch Geld abgezogen wird, für Essen, Unterkunft und diese Uniformen, die sie in der Fabrik tragen müssen."

Lu Shen beschleunigt das Erzähltempo, berichtet von den Schlafräumen, die an die Fabrik angegliedert sind, von Doppelstockbetten aus Metall und dem Strafsystem, das in der Fabrik herrscht. „Wenn man zu spät zur Arbeit kommt, kurz vom Gehweg auf den Rasen tritt oder laut im Schlafraum spricht – dann ist ein Tageslohn futsch. Und das sind noch erschwingliche Verstöße. Letzte Woche hat eine Kollegin von Wie Jun einem Aufseher widersprochen. Drei Tagelöhne. Da überlegt man sich zweimal, ob man eine andere Meinung hat. Und weißt du was? Die Beschäftigten dürfen nicht in andere Schlafräume gehen", erklärt sie. „Das ist auch so eine Regel. Es kostet jedes Mal einen Tageslohn, wenn sie dabei erwischt werden, sich nach der Arbeit in ihren Räumen zu besuchen."

Ich kratze mich zwischen den Augenbrauen.

„Es ist einfach nur Glück, dass ich etwas über den Alltag in dieser Fabrik herausfinden konnte." Wieder kommt Lu Shen auf die Arbeitsbedingungen zurück; das Management habe die Order ausgegeben, nicht zu viele Leute aus einer Provinz anzustellen. „Sie wollen nicht, dass man sich zusammenschließt", erklärt sie.

Während ich vorher nur gelangweilt war, tritt nun Wut hinzu. Ich reagiere allergisch, wenn Unternehmer so plump schlecht gemacht werden. „Warte mal, in deiner Firma gelten doch die Mindeststandards von New Balance", behaupte ich schließlich.

„Standards, ja", sagt Lu Shen, die Stimme hebend. „Die machen sich prächtig in den Werbebroschüren von New Balance. Es sind

Worte. Aber bevor ich mich damit beschäftigt habe, war ich auch so gutgläubig wie du."
Meine Schläfen pochen. „Ich kann jedenfalls nicht glauben, was du da rauf und runter leierst", sage ich. „Miese Arbeitsbedingungen, okay – das weiß jeder." Ich zögere. „Aber das klingt ja wie eine Gruselgeschichte über böse Konzerne, die verbissene Gewerkschafter verbreiten, damit ihnen neue Mitglieder zulaufen."
„Ich glaube, du hast einfach keine Ahnung davon, was hier in China passiert."

Bevor sie weiterreden kann, hake ich ein: „Vor acht oder zehn Jahren hätte ich dir das abgenommen, aber in der Branche hat sich viel verändert. Mein Bruder arbeitet bei Nike, und er sagt, dass sie sich sehr einsetzen, um die Arbeitsbedingungen zu verbessern."
Lu Shen schweigt.
„Wenn dieser Schulfreundin die Arbeit in der Fabrik nicht zusagt, dann sollte sie kündigen", setze ich nach.
Stille dehnt sich aus, und ich wünsche mir, Geräusche von Nudeln zu hören. „Es geht nicht", sagt Lu Shen dann. Ihre Stimmlage sinkt ab, als sie fortfährt: „Nach der Kündigung dauert es drei

Monate, bis man den ausstehenden Lohn bekommt." Die Schulfreundin ihrer Cousine stamme aus einer ländlichen Gegend, vierhundert Kilometer weit von der Fabrik entfernt.

Mir fällt nichts ein. Während das Schweigen andauert, stelle ich mir vor, wie ich Lu Shen ein Paar Laufschuhe schicke; das Topmodell von New Balance, versteht sich.

„Danke trotzdem für dein großes Interesse." Sie legt auf.

Ich verschränke meine Arme und sehe aus dem großen Fenster. Ein kleiner Junge rennt hinter einem Mann her. Könnte sein Vater sein. Es sieht so aus, als spielten sie Fangen.

Mein silbernes Notebook brummt, wahrscheinlich ist der Lüfter hinüber. „Sie haben noch ungelesene Nachrichten." In meinem Postfach wartet eine E-Mail von Lu Shen, vor zwei Minuten abgeschickt. Ich schalte den Rechner auf Standby.

Nachdem ich die Haustür geschlossen habe, fange ich an zu joggen. Mir sagt das Laufen sehr zu, weil es mir hilft, den Tag hinter mir zu lassen. Heute laufe ich schneller als sonst. Meine Beine sind schwer, und ich denke darüber nach, auf wessen Rücken ich meine Schritte mache. Ich beschleunige. Die Zweifel haben eine verdammt gute Kondition.

[sp]

# Barfuß zum Marathon?
## Das Welthandelsprodukt Laufschuh

Wieder überholt worden. Egal. Ich müsste besser wissen, dass auch andere auf die Idee gekommen sind, den Samstag mit einem Morgenlauf zu beginnen. Meine Beine ächzen. Der Park ist voller LäuferInnen, die sich an den Grünanlagen vorbeischieben. Ihre Füße stecken in Markenlaufschuhen, genau wie meine.
Erstaunlich, mit welcher Ausdauer viele LäuferInnen sich verausgaben. Und seltsam, dass mir bei der Frage „Was hängt an meinem neuen Laufschuhen?" bereits an der Ladenkasse die Puste ausgeht. Verstehen zu wollen, was passiert, *bevor* mich Sportschuhe aus den Regalen anblicken, läuft auf einen Marathon hinaus. Na gut. Ich kann's ja mal versuchen. Wenigstens gedanklich.

Die Laufschuhe an meinen Füßen sind ein weitgereistes Produkt. Der größte Teil von ihnen wird in asiatischen Ländern hergestellt. Meistens sind es von Markenfirmen beauftragte Zulieferer, in deren Fabriken die Laufschuhe entstehen. Es kommt vor, dass Betriebe für mehrere der „Großen" im Sportschuhgeschäft produzieren.
Die Arbeitsbedingungen in den zuliefernden Fabriken sind ein großes Problem, für die Beschäftigten.[1] Fehlende Sicherheitsvorkehrungen in den Fabriken führen immer wieder zu Arbeitsunfällen. Viele der Beschäftigten klagen über Atemwegserkrankungen oder Kopfschmerzen, weil dem Schutz vor chemischen Dämpfen wenig Bedeutung zugemessen wird.
Die geforderten Produktionsziele sind so hoch angesetzt, dass die Arbeit extrem verdichtet und ohne Überstunden nicht zu bewältigen ist. Bevorzugt werden flexible Arbeitsverträge, die auf kurze Dauer angelegt sind.
Manche Schuhfabriken sind mit Regelsystemen ausgestattet, die

---

[1] Einen guten Einblick in die Arbeitsbedingungen der Sportschuhindustrie liefert der Bericht „New Balance goes to China": www.nlcnet.org/admin/media/document/ReportPDF/NB_Goes_to_China.pdf

an Gefängnisse erinnern. So zum Beispiel die Li Kai Factory #5, ein chinesischer Zulieferbetrieb für New Balance: Wer hier dabei erwischt wird, den Rasen zu betreten, zu spät zur Arbeit zu kommen oder im Schlafraum zu sprechen, verliert einen Tageslohn. Gleich drei Tagelöhne sind fällig, wenn Beschäftigte ihren Vorgesetzten widersprechen.[2]

Um die 90 % der Beschäftigten sind Frauen. Einige Zulieferer haben interne Anweisungen, möglichst junge und weibliche Arbeitskräfte einzustellen. Neben den „normalen" Arbeitsbedingungen kommen für sie in vielen Fällen sexuelle Nötigung und erniedrigende Behandlung am Arbeitsplatz dazu. So müssen sich Frauen in der Li Kai Factory #5 von männlichen Sicherheitskräften durchsuchen lassen, wenn sie die Fabrik verlassen wollen.

Gute Laufschuhe können zwischen 120 und 180 € kosten. Nur 0,4 % davon landen bei denen, die sie tagtäglich herstellen. Die Löhne in der Sportschuhproduktion sind so niedrig, dass die Beschäftigten trotz Überstunden nicht genug verdienen, um ihre Miete zu zahlen oder sich mit Nahrungsmitteln zu versorgen. Umgerechnet 37 € bleibt den ArbeiterInnen in der Li Kai Factory #5 übrig, nachdem die Fabrikleitung vom offiziellen Monatslohn 11 € für Unterkunft und Essen abgezogen hat.

Von Arbeiterrechten oder gewerkschaftlicher Organisierung ist in dieser und anderen Fabriken nichts zu spüren. Ist das überraschend? – Nein: Über 50 % der Sportschuhproduktion sind in Ländern angesiedelt, in denen unabhängige Gewerkschaften nicht erlaubt sind, darunter China, Thailand und Vietnam.

Ebenso wie faire Arbeitsbedingungen steht Umweltschutz bei der Sportschuhproduktion hinten an. So werden viele synthetische Materialien und Chemikalien verwendet, die ökologisch und gesundheitlich bedenklich sind. Zwar haben sich Nike, Adidas, Puma oder Asics bereit erklärt, auf PVC in ihren Schuhen zu verzichten.[3] Aber das ist nur einer von vielen giftigen Stoffen.[4] Für die VerbraucherInnen ist all das schwer nachvollziehbar, da dem Schuhkarton nicht zu entnehmen ist, aus welchen Inhaltsstoffen die Treter bestehen.

---

2  *Gleiche Quelle wie 1*
3  *PVC ist giftig und krebserregend.*
4  *Untersuchung von Ökotest von 2000 (ich habe keine aktuelleren Tests gefunden):* www.oekotest.de/payment/oekotest/000/10411.html

Das klingt gar nicht gut. Ich will meinen gedanklichen Lauf abbrechen, um nächsten Samstag ohne schlechtes Gewissen durch den Park rasen zu können. Irgendwo habe ich das alles schon gehört, ich erinnere mich: Seit einigen Jahren weisen Nichtregierungsorganisationen auf diese Missstände hin. Als Reaktion haben sich einige der großen Hersteller bestimmte Standards, so genannte „codes of conduct", hinsichtlich der Arbeitsbedingungen gegeben. Die Markenfirmen selbst wachen über diese Standards, und lassen Milde walten. *„Es ist einfach, diese Standards zu missachten und die Verstöße zu verschleiern"*, erklärt Paul Cooper von Blackspot Shoes, einem alternativen Schuhprojekt. Oftmals wissen die Beschäftigten in den zuliefernden Betrieben nichts von diesen Standards, weil niemand sie über ihre Rechte informiert.

Öffentlich bekunden die Sportschuhmarken großen Eifer, um die Rechte ihrer Beschäftigten zu schützen. Währenddessen verschieben sie ihre Produktion in Staaten, die nichts von Vereinigungsfreiheit halten, d.h. in denen Gewerkschaften verboten sind. In diesen Ländern ist es besonders schwierig, für menschenwürdige Arbeitsbedingungen zu kämpfen. So hat sich Nike von 1998 bis 2005 um 14 % „gesteigert", was die Auslagerung in gewerkschaftsfreie Zonen betrifft. [5]

Daher formulieren KritikerInnen, dass die „codes of conduct" vor allem eine Wirkung hätten: Den Markenfirmen zu helfen, sich öffentlich mit einem sauberen Image zu schmücken.[6]

Okay, das ist heftig. Aber ich will weiter laufen, und mir ist es wichtig, einen stabilen und gut gedämpften Schuh zu tragen. Gibt es Alternativen? – Nein, jedenfalls nicht greifbar. Der fair gehandelte Öko-Laufschuh ist ein Wunschtraum. Aber es gibt Ansätze einer anderen Schuhproduktion, die Hoffnung machen. So werden die Schuhe von Worn Again zu 99 % aus recycelten und regional beschafften Materialien hergestellt.[7] Lederbezüge aus verschrotteten Autos oder ausrangierte Feuerwehrunifor-

---

5  Angaben von Nike, veröffentlicht in einem Bericht von Oxfam, der sich mit Problemen der Textilindustrie beschäftigt: www.oxfam.de/download/Offside.pdf

6  *Eine kritische Betrachtung der „codes of conduct:* www.bhakwien10.at/fairerhandel/pages/fairtrade_artikel3.htm

7  Mehr über den Recycling-Ansatz und die sozialen Prinzipien unter www.wornagain.co.uk/ethical *veröffentlicht. Es handelt sich um eine Eigenbeschreibung der HerstellerInnen, die kritisch hinterfragt werden sollte.*

men dienen als Rohstoff, um Schuhe herzustellen, die alles andere als alt aussehen.

Die Schuhmarke Veja arbeitet auf der Grundlage von fairem Handel und biologischer Landwirtschaft. So stammt die für die Schuhe verwendete Bio-Baumwolle von einer brasilianischen Kooperative. Auch die Produktion ist in Brasilien angesiedelt. Um den Vertrieb der Schuhe kümmert sich eine französische Hilfsorganisation, die benachteiligte ArbeiterInnen dabei unterstützt, in den Arbeitsmarkt zurückzufinden.[8]

Auch Blackspot Shoes bricht mit einigen Aspekten der „normalen" Schuhproduktion. Die Schuhe des Zusammenschlusses werden in einer Fabrik in Portugal produziert, zu einem Lohn, der über dem Landesdurchschnitt liegt. Die Schuhsohlen bestehen aus alten Reifen, das Obermaterial aus biologisch angebautem Hanf. Der besondere Clou bei Blackspot Shoes ist das Beteiligungsmodell: Wer ein Paar dieser Marke erworben hat, darf mitentscheiden, welche weiteren Schritte das Unternehmen machen soll. Mittels Internet wird darüber diskutiert, ob neue Modelle entwickelt werden sollen. Die Trennung zwischen KonsumentInnen und ProduzentInnen verwischt.

Leider beschränken sich diese und ähnlich arbeitende Firmen (bisher) auf Lifestyle-Schuhe. Sie beweisen aber, dass es möglich ist, soziale und ökologische Ansprüche mit der Schuhproduktion zu verknüpfen.[9]

Immerhin kann ich etwas Optimismus tanken, bevor ich wieder losrenne. Der ist auch nötig. Auf dem Weg zum fairen Laufschuh sehe ich viele Hürden. Es wird nicht einfach, einen ökologischen Laufschuh zu entwickeln, der in ethisch vertretbare Arbeits- und Handelsbedingungen eingebettet ist.

---

8 *Informationen dazu gibt es unter* http://en.wikipedia.org/wiki/Veja_Sneakers
9 *Solange die Profitlogik gilt, werden solche Ansätze eine Nische bilden. Für einen grundlegenden Wandel ist mehr nötig als bewusster Konsum.*

Sportschuhe stellen ein komplexes Produkt dar: Es gibt die Markenfirmen, ihre Zulieferer, die wiederum die verwendeten Materialien von anderen beziehen. Die Forderung nach fairen Bedingungen müsste in diesem ganzen Sektor umgesetzt werden. Dafür ist eine hohe Transparenz nötig.
Ein weiteres Problem sind die für Sportschuhe verwendeten synthetischen Materialien. Es wird schwer, sie alle durch umweltschonende zu ersetzen. Andererseits: SchuhentwicklerInnen denken intensiv darüber nach, wie Laufschuhe gestaltet sein müssen, um ihren TrägerInnen entgegenzukommen. Würde ähnlich viel Kreativität dafür aufgebracht, ökologische Ansprüche zu berücksichtigen – warum sollte es dann keinen „grünen" Laufschuh geben?
Nehmen wir an, es wäre möglich. Wäre so ein Laufschuh nicht viel teurer? Das ist wahrscheinlich, aber nicht zwingend. Würde nicht jedes Jahr eine neue Kollektion auf den Markt geworfen, könnten Entwicklungskosten eingespart werden. Weniger Sponsoring, gerade im „Profibereich", weniger Werbung, und schon könnten die höheren Ausgaben fairer Schuhherstellung aufgefangen werden.

Ich bin davon überzeugt, dass Sportschuhe anders hergestellt werden können. Nur bleibt das Problem, dass ich hier und jetzt keine Alternative herbeizaubern kann.
Ich finde, dass Sportschuhe für den alltäglichen Gebrauch überflüssig sind. Dann lieber im Secondhand- oder Umsonstladen[10] nachschauen oder Straßenschuhe kaufen, die fair und ökologisch hergestellt wurden. Und nicht für jede sportliche Aktivität sind Schuhe oder spezielles Schuhwerk nötig.
Aber Menschen, die z.B. Sportarten mit hohem Laufpensum nachgehen, werden so nicht glücklich. Sie werden weiterhin Sportschuhe kaufen, die unter Bedingungen entstanden sind, die andere Menschen in Armut halten. Möglich ist, seltener zu konsumieren und genauer auszuwählen, nicht alle Firmen sind gleich.[11] Ein grundsätzlicher Verzicht aber erscheint mir nicht

---

10   *Das sind Orte, in denen Gebrauchsgegenstände kostenlos abgegeben und mitgenommen werden. Im Beitrag „Konsum – Entdecke die Möglichkeiten" ab Seite 147 werden Umsonstläden näher erklärt.*
11   *Eine kritische Übersicht zu bekannten Sportschuhmarken:* www.inkota.de/wm2006/profile.htm

möglich (wenn man gesunde Beine wichtig findet).
Ich glaube, dass wir vorerst mit dem Widerspruch leben müssen. Und ich denke, dass man sich nicht auf das Kaufen mit Schmollgesicht beschränken muss:
Es gibt viele Wege, um Öffentlichkeit dafür schaffen, welche Probleme mit Sportschuhen verbunden sind, und so auf eine Veränderung hinzuwirken: Plakate mit kritischen Informationen zur Schuhproduktion, die in von vielen LäuferInnen durchquerten Parks auftauchen; ein Referat für die Schule oder Universität; Aufkleber, die unauffällig auf Schuhkartons geklebt werden können; Barfußlaufen beim nächsten öffentlichen Lauf ...

> **Barfuß zum Marathon** – warum eigentlich nicht? Jedes Sportschuhpaar, das ich kaufe, unterstützt Unternehmen, die ihre Beschäftigten ausbeuten. Könnte ich auf Laufschuhe verzichten? Nicht einfach zu sagen.
> Wer frei von Knie- oder anderen Beinbeschwerden ist, sollte es ausprobieren, auf weichen Untergründen barfuß zu laufen. Der Kontakt zum Boden fühlt sich intensiver an, die Achtsamkeit für die Füße steigt. Wichtig ist dabei, vorher zu dehnen und ein gemütliches Tempo anzuschlagen, weil Barfußläufe die Beinmuskeln anders fordern.[12] Wer viel auf asphaltierten Wegen unterwegs ist, braucht Schuhe, um den Aufprall zu dämpfen und sich vor Verletzungen (z.B. durch Scherben) zu schützen. Auch wer regelmäßig trainiert oder sich an der Belastungsgrenze bewegt, sollte aus gesundheitlichen Gründen nicht auf Schuhe verzichten.
> Es ist möglich, für einzelne öffentliche Läufe auf Laufschuhe zu verzichten, sofern die eigenen Beine gesund sind. Nachfragen irritierter LäuferInnen können aufgegriffen werden, um zu erklären, was Sinn der Aktion ist, was in der Schuhproduktion schief läuft. In Weilheim (Oberbayern) fand im Mai 2006 sogar ein Lauf statt, der unter dem Motto „Barfuß – für eine faire Welt" stand.[13] Und ich? Nächsten Samstag gehe ich wieder laufen. Vielleicht ohne Sportschuhe, mal sehen.

[sp]

---

12 *Wer sich überlegt, häufiger barfuß zu laufen, sollte sich vorher informieren und bei Bedarf mit einer SportmedizinerIn abklären, was problematisch sein könnte.*

13 *Informationen und Bilder zum Lauf:* www.laufmalwieder.de/index.php?Inhalt_Nav_ID=17&Kv_ID=8

## Stowaways

Als der Hafenarbeiter am Schuppen 44 des Hamburger Hafens an diesem kalten Dezembertag des Jahres 2006 seine Zigarette am Boden austrat, ahnte er nicht, dass er sich gleich mit zitternden Händen eine neue Zigarette anzünden würde. Er hatte sich soeben in der Mittagssonne eine kleine Pause gegönnt, die Arbeit war schwer. Die Kisten waren vollbepackt mit makellosen leuchtendgelben, einen feinen Duft ausströmenden Bananen. Appetitlich lagen sie, dicht gepackt, in wunderschönen Halbmondbögen geformt, staudenweise geordnet in ihren Kisten. Es muss immer schnell gehen, wenn ein Bananenfrachter angekommen ist, die Bananen sollen golden und schön den Kunden in den Supermärkten präsentiert werden. Und das ist ein Wettlauf mit der Zeit, denn schon geringste Abweichungen von der Normtemperatur 13,2°C sorgen dafür, dass der Reifeprozess einsetzt (wenn es zu warm ist) oder die Bananen unansehnlich grau werden (wenn es zu kalt ist). Während ihres Transportes werden die Bananen deshalb sozusagen in einen Schönheitsschlaf versetzt. Die Kühlanlagen in den Schiffen halten in ihren Bäuchen bananengünstige Temperaturen. Durch Zugabe von Stickstoff wird der Sauerstoffgehalt der Luft so weit reduziert, dass das Gas des Bananenstoffwechsels (Ethylen) minimiert und dadurch die Reifung unterdrückt wird. Zusätzlich werden die Bananen mit Insektiziden begast, damit kein Schädling mit gierigem Fraß Schaden an ihnen anrichten kann.

Das alles wusste der Hafenarbeiter. Deshalb krempelte er nun seine Ärmel hoch und packte die nächste Kiste an. Doch sobald er sie angehoben hatte, ließ er sie auch wieder fallen. Was er gesehen hatte, ließ ihn den Schreck seines Lebens in die Glieder fahren. Nachdem er seine Stimme wiedergefunden hatte, rief er nach dem Vorarbeiter. Mit zitternden Fingern wies er auf die Bananenkisten. Es waren die Füße von Justiano A. (33 Jahre alt), die ihn zu Tode erschreckt hatten. Denn Justiano A. lebte nicht mehr.

Während der Hafenarbeiter sich am ganzen Körper schlotternd seine zweite Zigarette anzündete, rief der Vorarbeiter die Polizei. Und die entdeckte bald später noch ein zweites Paar Füße unter den Bananenkisten, die von Wilson O. (35 Jahre alt). Auch Wilson O. war tot.

Denn alles, was der Hafenarbeiter über den Transport und den Schönheitsschlaf der Bananen wusste, das wussten Justiano A. und Wilson O. nicht, als sie sich Mitte November 2006 in Kolumbien mit Proviant in ihren Rucksäcken und dem Traum von einem besseren Leben an Bord des Bananenfrachters „Regal Star" schlichen. Der Frachter hatte noch eine weite Reise über Costa Rica und Lissabon vor sich, bis er endlich am 4. Dezember 2006 seinen Zielhafen Hamburg erreichte. Justiano A. und Wilson O. wussten nur eins: Sie mussten sich gut verstecken, sie durften auf keinen Fall während der Reise gefunden werden, denn das konnte lebensgefährlich für sie werden.

Vielleicht hatten sie diese am 31. Mai 2004 erschienenen Schlagzeilen gelesen:

### Kapitän setzt blinde Passagiere auf offener See aus

*Die spanische Polizei hat einen Kapitän und zwei Besatzungsmitglieder eines Tiefkühlschiffes verhaftet, die vier blinde Passagiere auf offener See in einem winzigen Boot ausgesetzt und damit dem Tod ausgeliefert haben sollen. Wie das spanische Fernsehen am Samstag berichtete, mussten die Flüchtlinge aus Senegal vergangenen Sonntag im Atlantischen Ozean 1.200 Kilometer vor den kanarischen Inseln in ein Ein-Mann-Floß steigen. Von ihnen fehlt jede Spur.*
[...]
*Der Kapitän, der erste Steuermann und der Ingenieur, bei denen es sich um Südkoreaner handelt, wurden am Freitag in der nordwestlichen Hafenstadt Ribeira festgenommen. Zwei weitere Besatzungsmitglieder sollen die Polizei über den Vorfall auf hoher See informiert haben, hieß es weiter.* [...]

Oder waren es diese am 7.1.2006 erschienen Schlagzeilen, die Justiano A. und Wilson O. bewogen haben, sich so gut zu verstecken?

### Kenia: Seeleute unter Verdacht, blinde Passagiere über Bord geworfen zu haben

*Drei ukrainische Seeleute und ihr polnischer Kapitän stehen in Durban (Kenia) wegen Mordes und versuchten Mordes vor Gericht. Sie stehen unter Verdacht, sieben blinde Passagiere über Bord geworfen zu haben.*
[...]
*Fünf der blinden Passagiere, alle aus Tansania, konnten an Land schwimmen. Nach den Körpern von zwei anderen Personen wird noch gesucht. Man vermutet jedoch, dass beide Personen ertrunken sind.*

Vielleicht hatten sie auch von dem Westafrikaner gehört, der sich 1992 auf dem dänischen Frachter „Karen Clipper" versteckt hatte und 25 Seemeilen vor der Küste Sierra Leones ins von Haien wimmelnde Meer geworfen wurde. Oder von den vier jungen Männern aus Tansania, die 1985 von Fischern im Indischen Ozean gerettet wurden, nachdem sie von einem Frachtschiff aus Südkorea über Bord geworfen worden waren. Wir wissen nicht, woher Justiano A. und Wilson O. die Gefahr kannten. Selten werden die Fälle von zu Tode gekommenen blinden Passagieren bekannt, wie viele namenlose Fälle es gibt, werden wir nie erfahren.

Wir können Justiano A. und Wilson O. auch nicht mehr fragen, ob sie wussten, was die Schiffsbesatzungen zwang und immer noch zwingt, so grausam zu handeln.

Die Abschottungspolitik der „reichen" Länder auf dem Land- und Luftweg nötigte die Flüchtlinge, ihr Glück auf dem Seeweg zu versuchen. Mit einer bequemen Gesetzgebung entledigten sich viele Länder (die Bundesrepublik Deutschland mit der Änderung des Ausländergesetzes 1994) des leidigen Problems dieser Form der Einwanderung. Die Verantwortung und die Kosten wurden einfach den Transportunternehmen, also den Reedereien und Schiffseignern zugeschoben. Sie wurden verpflichtet, den Ausländer zurückzubefördern und alle durch den Ausländer entstehenden Kosten wie Reisekosten innerhalb des Landes sowie zurück ins Heimatland, Kosten für Unterbringung und Verpflegung, Kosten für Verwaltung, für Abschiebehaft, Kosten für medizinische Versorgung, Kosten für amtliche Begleitung, für Dolmetscher usw. zu tragen. Das sind Kosten, die sich im Falle eines Asylverfahrens immens aufsummieren können.

Zuerst führten die USA, Kanada und Australien derartige Sanktionen ein, in den achtziger Jahren wurde dieses Prinzip zunehmend auch in der EU angewandt und im März 1995 für alle Schengen-Staaten[1] sogar vorgeschrieben.

---

1 *Zusammenschluss von EU-Mitgliedsstaaten zum Zwecke des Abbaus von Grenzkontrollen und Zöllen auf Warenverkehr. Verbunden damit ist eine Abschottung dieses Staatenbundes nach außen.*

Ein blinder Passagier oder „Stowaway", wie er in der Schifffahrt genannt wird, kann für den Schiffseigner den Ruin bedeuten. Viele Reeder versichern sich heutzutage gegen Stowaways.

Ärger bringt ein Stowaway in jedem Fall, es ist sogar möglich, dass die Schiffsbesatzung des Menschenhandels beschuldigt wird, denn das uralte Gesetz der Seenotrettung wird durch die menschenfeindliche Gesetzgebung untergraben. Der bekannteste Fall hierfür ist wohl der Prozess gegen die Besatzung der Cap Anamur, die wegen der Rettung von 37 afrikanischen Schiffbrüchigen des Menschenhandels angeklagt ist. Weniger bekannt ist vielleicht der Prozess wegen „Menschenhandels" gegen 7 tunesische Fischer, die am 8. August 2007 44 Flüchtlinge – unter ihnen Schwangere und Minderjährige – aus Seenot gerettet hatten.

Justiano A. und Wilson O. hatten essentielle Gründe, sich gut zu verstecken. Sie hatten sich vermeintlich gut auf die Reise vorbereitet, sogar Schlafsäcke gegen die Kälte hatten sie dabei. Aber ihre Unkenntnis über die chemischen Bedingungen des Bananentransports wurde ihnen zum Verhängnis. Sie ahnten nicht, dass der Sauerstoff in den luftdicht verschlossenen Kühlcontainern nicht ausreichen würde und dass sie sich mit Insektiziden vergiften würden.

Wir wissen nicht, wie sehr sie gelitten haben und was ihre letzten Gedanken waren. Wir kennen ihre Familien nicht, wir kennen ihre Mütter nicht, die bittere Tränen um sie weinen.

Wir wissen nur, dass der Hafenarbeiter am Schuppen 44 des Hamburger Hafens an diesem Tag keine Kiste mehr trug, sondern von einem Kollegen nach Hause gebracht wurde. Dass er auch an den nächsten Tagen nicht zur Arbeit erschien, sondern sich krankmeldete. Und wir wissen, dass er keine Bananen mehr essen wird.

[Carola]

## Eene, meene, muh

Ein kleines Mädchen namens Xiao
Sagte ihrer Familie: Ciao!
Fort lief sie nach einem Streit
Mit LKWs Hilfe kam sie weit
In Shenzhen war alles bunt:
Kinos, Party, hier ging es rund!
Xiao freute sich darüber sehr
Was wollte sie denn jemals mehr?

Wer nicht im richtigen Land geboren
Der ist in dieser Welt verloren.
Eene, meene, muh
und raus bist du!

Doch zum Leben braucht man Geld
So ist auch hier der Lauf der Welt
Zwei Männer sprachen Xiao an
ob sie fleißig arbeiten kann.
Xiao folgte ihnen gutgelaunt
Über rasche Arbeit ganz erstaunt
Kinderfinger braucht das Werk
Die Fabrik steht dort am hohen Berg

Wer nicht im richtigen Land geboren
Der ist in dieser Welt verloren.
Eene, meene, muh
und raus bist du!

Drei Monate nun arbeitet sie schon
Für einen lächerlich geringen Lohn.
Spielzeug für Europa und die Welt,
Das sie nie gehabt, aber hergestellt.
Für Kino reicht es lange nicht.
Xiao sieht auch selten Tageslicht.
Damit sie niemals etwas klaut,
wurde ein Gitter ums Haus gebaut.

Wer nicht im richtigen Land geboren
Der ist in dieser Welt verloren.
Eene, meene, muh
und raus bist du!

Da bricht auf einmal Feuer aus
Niemand kommt noch hier heraus!
Die Gitter halten die Frauen drinnen
Sie schreien um Hilfe wie von Sinnen.
Mädchen und Jungen verbrennen so,
Nicht jedoch unsere kleine Xiao.
An einem Fenster im zweiten Stock
Fasst sie Mut und springt unter Schock.

Wer nicht im richtigen Land geboren
Der ist in dieser Welt verloren.
Eene, meene, muh
und raus bist du!

Ein kleines Mädchen namens Xiao
Sagte ihrer Familie: Ciao!
In Shenzhen war alles bunt:
Kinos, Party, hier ging es rund!
Xiao freute sich darüber sehr
Was wollte sie denn jemals mehr?
Langsam lernt sie wieder laufen,
Dann muss sie sich erneut verkaufen.

*So wie Xiao ergeht es vielen – ob Spielzeugfabrik in China oder Textil-Sweatshop in Mexiko.*

*Gewidmet den 87 toten und 47 schwerverletzten Frauen und Kindern, die beim Brand einer Chicco-Spielzeugfabrik 1993 eingeschlossen waren.*

[fb]

# *Zwischenstopps*

# Tagebuch einer Blume

**Tag 1, Hochland von Kenia:**

*Ein leichter Windhauch weckt mich. Ich kann die Sonne sehen! Oh, ist das schön. Sie scheint auf mich hinab und wärmt mich. Zwischen uns ist ein Glas. Aber eines Tages werde ich die Sonne auch ohne Glas zwischen uns sehen. Das kann ich fühlen!*

**Tag 2:**

*Heute gehen Jungen zwischen den Reihen umher. Bald werden sie bei mir sein. Ich sehe nicht genau was sie tun. Sie machen etwas mit den anderen. Ich glaube, sie töten sie, indem sie ihre Stengel durchtrennen.*

**Tag 3, auf der Straße nach Nairobi:**

*Auch ich bin getötet worden. Doch wie heißt es in dem alten Sprichwort? „Blumen sterben langsam." Und vielleicht werde ich trotz allem eines Tages die Sonne unter freiem Himmel erblicken. Wer weiß?*
*Ich bin inzwischen mit anderen zusammengebunden worden, vielmehr: Das, was von unseren Körpern noch übrig blieb. Dann sind wir auf Lastwagen verfrachtet worden. Wir liegen hier, sind festgebunden, können uns nicht bewegen, nicht im Wind wiegen. Wohin es wohl gehen wird, was sie wohl mit uns vorhaben?*

**Tag 4, auf dem Weg nach Europa:**

*Ich fliege! Obwohl ich sterbe, bemühe ich mich, die letzten Tage zu genießen. Durch ein kleines Fensterchen kann ich die Sonne über den Wolken sehen. Wieder nur durch ein Fenster ...*

**Tag 5, Amsterdam:**

*Vom Flugzeug aus sind wir in eine riiiiesengroße Halle gebracht worden, wo Millionen anderer getöteter Blumen liegen. Es heißt, viele von uns werden hier jeden Tag verkauft. Wozu? Wofür? Ich verstehe es noch nicht. Mir ist kalt und ich habe Durst.*

**Tag 6:**

*Wie es scheint, bin ich nicht verkauft worden. Es ist dunkel in dieser großen Halle. Ich habe Angst, ich friere, ich habe Durst. Wo ist die Sonne?*

## Tag 8, eine deutsche Kleinstadt:

*Gestern und heute ist viel passiert. Ich bin verkauft worden und es kann alles nur besser sein als in der Halle. Nicht alle meine Bekannten sind mitgekommen. Einige blieben liegen und ich konnte das Sterben in ihren Blüten sehen. Für nichts?*

*Und ich? Mich hat man in einen kleinen Raum gebracht. Erst ging es wieder los – ich wurde in einem Lastwagen umhergefahren. Es war der nächste Morgen, als ich endlich hierhergebracht wurde. Das hier scheint eine Art Wohltätigkeitseinrichtung zu sein. Man hat mir sofort Wasser gebracht und ein helles Pulver hineingetan, was mir sofort Kraft gegeben hat. Ich kann den Kopf wieder heben und um mich blicken. Es gibt drei große Fenster, hinter denen Menschen laufen. Manchmal bleiben sie stehen und schauen zu mir. Hinter dem Fenster muss auch die Sonne sein. Ich kann sie nicht direkt sehen, aber ich spüre sie. Gibt es hier Hoffnung für mich? Gibt es womöglich eine Lösung, mit der ich weiterleben kann?*

## Tag 11:

*Obwohl ich jeden Tag frisches Wasser und Pulver bekommen habe, bin ich froh, aus dem Raum herauszukommen. Eine Frau hat mich mitgenommen. Sie hat mich in Papier einpacken lassen. Aber durch einen Schlitz kann ich hin und wieder etwas sehen. Sie trägt mich fort. Eine ganze Weile später höre ich Stimmen. Es sind fröhliche Stimmen. Dann raschelt das Papier, es wird weggenommen. Sonne! Endlich sehe ich die Sonne. Sie scheint mich direkt an – das ist so schön.*

*Ich freue mich, dass ich so lange am Leben geblieben bin.*
*Die Frau gibt mich an eine andere, ältere Frau. Die Frau sieht mich an und lächelt. Sie scheint sich über mich zu freuen. Aber warum freut sie sich? Weil ich sterben muss? Freut sie sich darüber? Muss ich sterben? Ich weiß es nicht mehr. Jetzt, wo ich die Sonne noch einmal sehe, ist mir klar: Es war so bestimmt. Das war mein Leben und nun werde ich bestimmt sterben. Ich habe keine Kraft mehr, auch wenn sie mir noch so viel Wasser geben ...*

**Tag 14:**

*Alles ist verschwommen. Ich kann nicht mehr aufblicken und die Sonne suchen. Ich verstehe es noch immer nicht. Zu spät für Erklärungen! Ich schlafe ein, es ist ein tiefer Schlaf, eine Ohnmacht ... Wie im Traum höre ich Stimmen, das letzte Mal: „Die ist nicht mehr schön!" ... Dunkelheit umfängt mich ...*

---

10 Milliarden **Schnittblumen** werden in Deutschland im Jahr verkauft. Pro Kopf sind das 6 Sträuße á 20 Blumen. 2 Milliarden dieser Blumen stammen aus Deutschland, die anderen aus Holland, Kolumbien, Ecuador, Israel und Kenia.
Rosen sind für Länder wie Kolumbien und Kenia neben Kaffee und Kokain zum wichtigsten Exportgut geworden.
Meist nehmen die Blumen den Umweg über die riesigen Blumenauktionshäuser in Holland. Holland ist Hauptexporteur für Blumen und verdient über 60 % am Verkauf.
In Deutschland gibt es laut Zentralverband Gartenbau 14.600 Betriebe für Schnittblumen mit knapp 8.000 Hektar Landfläche.
Schnittblumen halten im Mittel ein paar Tage, maximal wenige Wochen.
Es gibt inzwischen Siegel wie das FLP (Flower Label Programm), die faire Arbeitsbedingungen und einen geringeren Pestizideinsatz versprechen.

[fb]

# Die dunkle Seite des Goldes

**Gold versetzt Berge**

Die Faszination des Goldes hat die Jahrtausende überdauert. Geändert hat sich aber die Art und Weise, wie Gold gewonnen wird. Noch vor wenigen Jahrzehnten wurde Gold in den Flüssen gewaschen oder unter Tage aus dem Berg geklopft. Heute fressen sich riesige Bagger durch die Landschaft, um wie in den Braunkohle-Tagebauten der Lausitz große Gesteinsschichten abzutragen. So werden im westafrikanischen Ghana heute für jede neue Goldmine etwa 3.000 Hektar landwirtschaftliche Nutzfläche in eine Mondlandschaft verwandelt. Im Hochland der Anden fallen ganze Berge dem Goldabbau zum Opfer. Mit modernen Verarbeitungsmethoden lässt sich heute schon

dann eine profitable Goldmine betreiben, wenn das Gestein nur ein oder zwei Gramm Gold pro Tonne aufweist. Für die Herstellung eines Goldringes fallen so durchschnittlich zwanzig Tonnen Abraum an, der auf großen Halden gelagert wird. Um das Gold aus den goldhaltigen Gesteinsschichten zu lösen, wird das Gestein zermahlen und mit einer Zyanidlaugung bearbeitet. Dabei bleibt ein flüssiger Abraum[1] zurück, der sowohl Zyanid als auch hohe Konzentrationen an Schwermetallen enthält. Dieser Abraum wird in der Regel in große Becken geleitet und nach der Austrocknung vergraben.

Immer wieder kommt es zu Unfällen, bei denen die Dämme der Becken brechen oder die Becken überlaufen. Im Jahr 2000 führte ein Dammbruch in einem Goldbergwerk bei der rumänischen Stadt Baia Mare dazu, dass die Theiss den bisher schwerwiegendsten Umweltunfall eines europäischen Flusses für sich

---

1 So wird im Bergbau das Material genannt, das keine verwertbaren Rohstoffe enthält, aber gefördert werden muss, um an die Rohstoffe heranzukommen.

verzeichnen konnte. Die Wasserversorgung von zwei Millionen Menschen war gefährdet. Weniger Aufsehen erregt die alltägliche Einleitung von Abwässern in die Flüsse, Seen und Meere in Entwicklungsländern. In diesen Ländern sind die Umweltstandards niedrig und die Umweltbehörden schwach. Die ländliche Bevölkerung, die unter der Verschmutzung ihrer Gewässer leidet, wird in den meisten Fällen nicht gehört. In den Bergbauregionen Afrikas, Asiens und Lateinamerikas stehen an den Gewässern Schilder mit der Aufschrift „Don't drink – don't swim – don't fish".

## Goldenes Dilemma

Viele Entwicklungsländer setzen auf den Abbau von Rohstoffen, um die notwendigen Devisen zu erwirtschaften. Bis vor zwanzig Jahren lag der Bergbau der meisten Länder in staatlicher Hand. Auf Anraten und Zureden der Weltbank wurde seit den 1980er Jahren der Bergbausektor in fast allen Entwicklungsländern privatisiert. Ausländische Investoren wurden gesucht, mit dem Ziel, den Sektor zu revitalisieren. Diese Entwicklung verlief zeitgleich mit der Entwicklung neuer Technologien, der Tagebau wurde attraktiv.

Die Staaten geraten mehr und mehr in ein Dilemma: Zum einen sollen sie durch gute Konditionen Investoren anlocken, zum anderen ist der Bergbau eine Industrie, die einer besonderen staatlichen Kontrolle unterworfen werden muss, damit die negativen Auswirkungen auf Mensch und Umwelt gering gehalten werden. Nicht alle Entwicklungsländer jedoch sind im Moment dazu in der Lage. Auch stellt sich die Frage, wer die Kosten für die Umsiedlung und Entschädigung der Menschen und wer die Kosten für die Umweltfolgen übernehmen soll. Die Bergbaugesetzgebungen sehen oft keine angemessene Entschädigung für die Bauern, die ihr Land verlieren, vor. Um die Umweltfolgeschäden abzudecken, haben einige Länder inzwischen Fonds angelegt, in die Unternehmen einzahlen. Diese funktionieren jedoch oft nur in der Theorie. Gewinner sind die transnationalen Bergbauunternehmen, die in den Ländern Tochterunternehmen gründen und bei Problemen aus dem Land gehen und sich damit der Haftung entziehen.

**Goldene Unternehmen**

Newmont, AngloGold Ashanti, Goldfields – dies sind einige Namen von großen Bergbauunternehmen, die auf den Goldabbau spezialisiert sind. Beheimatet sind sie in den USA, Kanada, Australien und Südafrika. Daneben gibt es eine Vielzahl kleiner Unternehmen, deren Rolle vor allem darin besteht, nach Gold zu suchen. Diese trifft man inzwischen in fast jedem Land. Ob in China, Sibirien, Laos, Finnland oder Zimbabwe – überall wird nach Gold gesucht.

Der industrielle Abbau des Goldes erfordert hohe Investitionen, so dass auf diesem Gebiet in der Regel die großen Unternehmen aktiv sind. Besonderen Schutz vor Enteignungen enthalten diese Unternehmen durch Investitionsabkommen, die sie mit den Regierungen abschließen. Und da die Staaten in Konkurrenz um Investitionen stehen, lassen sich viele steuerliche Vergünstigungen aushandeln. Die Investitionen sind auf hohem Niveau rechtlich abgesichert. Umwelt- und Sozialstandards sind in vielen Ländern sehr niedrig. Somit ist der industrielle Goldabbau heute ein gutes Geschäft.

**Entwicklung in Gold?**

Die Gier der Unternehmen nach Gold ist heute vor allem eine Gier nach Land und der Wettlauf darum, auf möglichst große Landflächen mit einem hohen Goldpotential einen Anspruch anzumelden. Daraus ist eine Dynamik entstanden, die in den meisten Ländern nicht so kanalisiert wird, dass sie im Interesse einer nachhaltigen Entwicklung genutzt werden kann. In nationalen Entwicklungsplänen wird der Bergbau in erster Linie als Investitions- und Devisenbringer angesehen. Die Frage, welche Auswirkungen der Bergbau auf die Lebenswelten und -chancen der ländlichen Bevölkerung hat, wird dabei meist ignoriert.

Die Betroffenen haben in der Regel kein Mitspracherecht, wenn über den Bau einer Mine entschieden wird. Große Entwicklungsprojekte werden oft zu „nationalem Interesse" erklärt, was es den staatlichen Stellen ermöglicht, Bauern zu enteignen, ohne dass diese Widerspruch einlegen können. Die Bauern haben kaum Chancen, um über angemessene Entschädigungen zu verhandeln. Hinzu kommt, dass sie nur selten auf diese Situation vorbereitet sind. Auf dem Land ist die Analphabetenquote noch höher als in den Städten, und die Bauern sind nicht geübt darin, mit mächtigen Unternehmen über hohe Geldsummen zu verhandeln.

Durch ein Bergbauprojekt können auf einen Schlag mehrere Tausend Menschen ihre Lebensgrundlage verlieren. Nur wenige schaffen es, sich auf dem Land eine neue Zukunft aufzubauen. Viele ziehen in die Städte, mit nur geringen Chancen, dort ein würdiges Leben zu führen. Unter diesen Umständen kann nicht davon gesprochen werden, dass Goldabbau zur Entwicklung eines Landes beiträgt. Der Raubbau an der Natur und die Vertreibung von Bauern von ihrem Land verschärfen vielmehr die Armut. Sicher könnten die staatlichen Einnahmen aus dem Goldabbau dazu beitragen, dass der Staat seiner Verantwortung gegenüber seinen Bürgerinnen und Bürgern nachkommen kann. Dazu müssten aber umfangreiche Folgenabschätzungen vorgenommen und eine umfassende Strategie zur nachhaltigen Entwicklung im ländlichen Raum entwickelt werden.

### Gold oder Landwirtschaft?

Die ländliche Entwicklung ist in den letzten drei Jahrzehnten immer mehr zum Stiefkind der Entwicklungszusammenarbeit geworden. Parallel zur Privatisierung im Bergbau wurden Subventionen und staatliche Dienstleistungen für die Landwirtschaft abgebaut. Kleinbäuerliche Landwirtschaft wird heute oft als ärmlich und keinen Wohlstand erzeugend gesehen: Ergebnis einer Politik, die seit Jahren Kleinbauernfamilien diskriminiert. Es gibt jedoch Beispiele, wo Bauern mit blühender landwirtschaftlicher Produktion zeigen, welcher Reichtum in den natürlichen Ressourcen Land und Wasser steckt. Tambogrande ist eine Kleinstadt im Norden Perus. Mit Unterstützung der Weltbank wurde in dieser Region ein Bewässerungssystem aufgebaut, mit dessen Hilfe sich eine reiche Obstproduktion entwickeln konnte. 1989 vergab das korrupte Regime von Fujimori einem internationalen Unternehmen eine Konzession zum Abbau von Gold. Der Bau der Mine hätte bedeutet, dass die Obstproduktion zerstört worden wäre. Die Hälfte der StadtbewohnerInnen und viele auf dem Land hätten umgesiedelt werden müssen. Die Menschen von Tambogrande widersetzten sich dem Projekt. Eine zentrale Strategie ihrer Kampagne war es, den Wohlstand zu zeigen, den die Landwirtschaft erzeugen kann. Und sie hatten Erfolg – im Dezember 2003 legte die peruanische Regierung das Goldprojekt auf Eis.

In Peru und auch im Nachbarland Ecuador haben andere Bauern von dieser Strategie gelernt. In der Region Intaq in Ecuador organisiert sich seit zehn Jahren ein Widerstand gegen einen geplanten Kupfertagebau. Die Bauern haben begonnen, Ökokaffee zu produzieren und Ökotourismusprojekte zu organisieren, um so zu zeigen, dass es eine alternative, ökologisch nachhaltige Entwicklung geben kann und geben muss in einem Gebiet, das zu den artenreichsten Gegenden der Erde gehört. In Ghana berichten Bäuerinnen stolz über die Anzahl der Säcke mit Kakao, die sie jedes Jahr produzieren. Die Exporterlöse aus Kakao sind für Ghana ebenso wichtig wie die Exporterlöse aus Gold.

## Widerstand ist gefährlich

Wer sich gegen die Interessen der Regierung und der transnationalen Bergbauunternehmen stellt, muss damit rechnen, dass er oder sie sich damit in Gefahr bringt. Die deutsche Kampagne „Bergwerk Peru: Reichtum geht, Armut bleibt" berichtet regelmäßig von Morddrohungen gegen AktivistInnen. Auch amnesty international startete in den vergangenen Monaten mehrere Briefaktionen zum Schutz von BergbauaktivistInnen.

In Ghana kommt es zu einer zunehmenden Militarisierung in den Bergbauregionen. Sobald Menschen auf die Straße gehen, um ihre Rechte zu verteidigen, folgen Übergriffe durch Polizei und Militär. Im Februar 2006 wurde ein Bauer angeschossen, als das Unternehmen AngloGold Ashanti mit Hilfe des Militärs die Bauern davon abhalten wollte, auf ihre Felder zu gehen, die sich auf dem Gelände der Goldmine Iduapriem befinden.

Am gefährlichsten leben in Ghana die Kleinschürfer. Die Suche nach Gold hat in Ghana eine lange Tradition und spielte schon immer eine Rolle als zusätzliches Einkommen und Überlebensstrategie. Auch heute ziehen junge Männer los, um nach Gold zu schürfen. Sie arbeiten dabei mit primitiven Mitteln und setzen Quecksilber ein, was die Gesundheit extrem gefährdet und die Umwelt verschmutzt. Viele können sich nicht in Kooperativen organisieren und werden deshalb zunehmend kriminalisiert. Ende 2006 führte das ghanaische Militär die Operation „Flush out" durch, bei der alle Kleinschürfer, die sich im Umfeld großer Goldminen angesiedelt hatten, gewaltsam vertrieben wurden. Wie viele Männer dabei angeschossen oder anderweitig verletzt wurden, ist nicht bekannt. In der Western Region, in der die höchste Dichte an Goldminen weltweit liegt, herrscht in den ehemaligen Ansiedlungen der Kleinschürfer heute gespenstische Ruhe. Das Gold, das früher Überleben sicherte, zerstört heute auf vielfältige Weise Leben.

[Ute Hausmann]

**FIAN**, das FoodFirst Informations- und Aktions-Netzwerk, wurde 1986 gegründet und setzt sich als internationale Menschenrechtsorganisation dafür ein, dass alle Menschen frei von Hunger leben und sich eigenverantwortlich ernähren können.
FIAN tut das auf Basis internationaler Menschenrechtsabkommen, insbesondere des Paktes über wirtschaftliche, soziale und kulturelle Menschenrechte. FIAN besitzt Beraterstatus bei der UNO und nimmt so Einfluss auf die Weiterentwicklung des internationalen Rechtssystems. In konkreten Fällen von Menschenrechtsverletzungen unterstützt FIAN die Betroffenen mittels internationaler Protestbriefaktionen, Kampagnen und langfristiger Fallarbeit durch die FIAN-Gruppen. FIAN-Deutschland ist Teil von FIAN-International mit Mitgliedern in 60 Staaten Afrikas, Amerikas, Asiens und Europas.
Der Goldbergbau trägt dazu bei, dass immer mehr Menschen von ihrem Land vertrieben werden oder ihre Gesundheit unter der Verschmutzung durch die Minen leidet. FIAN unterstützt Initiativen in Ghana, Guyana und Guatemala, die Kleinbauern in der Auseinandersetzung mit den transnationalen Bergbaukonzernen stärken.

Ute Hausmann ist Geschäftsführerin von FIAN Deutschland e.V.

FIAN-Deutschland e.V.  Tel: 0221 - 70 200 72
Briedeler Straße 13  fian@fian.de
50969 Köln  www.fian.de

# Alu – woher?

**Prolog**

Ich liege im Wald und genieße die Stille unter den Baumwipfeln. Ein Kondensstreifen kratzt den Himmel entlang bis zur Blechbüchse, die ein lautes Triebwerkskrachen mit sich zieht. Ich erwache und frage mich: Woher kommen diese Riesenvögel aus Blech, in denen so viele Menschen wie selbstverständlich um die Welt jetten? Und ich frage weiter:
Woher kommen die Alufelgen, Getränkedosen, Computerverkleidung, Gebäudefassaden, all die Dinge aus Aluminium? Alu – doch Alu woher?
Woher kommen Coltan, Kupfer, Stahl, Eisen, Gold, Totan, Zink? Woher kommt all das, was hinter dem Luxus der Industrieprodukte steckt?

**Bauxit aus Kashipur**

Im Zuge der Industrialisierung begannen die Menschen, vor allem der westlichen Hemisphäre, mehr und mehr Bodenschätze auszubeuten, um daraus industriell verarbeitete Produkte herzustellen. Bauxit ist einer dieser Bodenschätze. Aus ihm wird Aluminium hergestellt, für Flugzeuge und andere Transportmittel, Rüstungsgüter, Verpackungen für Nahrungsmittel, Medikamente, Getränkedosen, Aluminiumfolie ...
Bauxit wird vor allem in Regionen der Südhalbkugel, wie Jamaika, Australien, Indien, Brasilien, Malawi u.a. im Tagebauverfahren abgebaut. In Indien gibt es im nordöstlich gelegenen Bundesstaat Orissa eine Region, die sich Kashipur nennt und in der sich große Bauxitvorkommen befinden.

In diesem Gebiet leben die Adivasi, eine indigene Bevölkerung, die schon seit Generationen Landwirtschaft betreibt und sich von den übriggebliebenen Wäldern ernährt, die im Zuge der Ausbeutung für die Wirtschaft des indischen Staates mächtig geschrumpft sind. Ihre Traditionen und ihre Lebensweise unterscheiden sich noch heute enorm von der indischen städtischen Bevölkerung.
Durch den Abbau von Bauxit droht der Bevölkerung Zwangsumsiedlung, Verlust ihres Landes, Zerstörung ihrer herkömmlichen

Lebensweise und Niedergang ihrer Kultur, Repression der Staatsgewalt. In Kashipur werden die Bauxitvorkommen ausschließlich für Märkte in Europa und Nordamerika gewonnen. All das also für einen Airbus A380? Für Getränkedosen, Laptops, Alufolie?

Dazu kommt natürlich noch die ökologische Zerstörung: Der Abbau von Bauxit und die Weiterverarbeitung durch chemische Prozesse in nahegelegenen Fabriken verbrauchen große Flächen an Land und Wasser. In einem aufwendigen Prozess wird das Bauxit abgebaut und zur Weiterverarbeitung abtransportiert. Der „Rote Schlamm", ein Abfallprodukt der Herstellung von Aluminium, bleibt vor Ort. So verschmutzt und vergiftet er Land, Leute, Natur.

Für den hohen Energieaufwand der Bauxit-Gewinnung und -Verarbeitung müssen Kraftwerke gebaut werden. Kraftwerke also inmitten einst malerischer Landschaften.

Angesichts dessen: Stellt sich die Frage, ob Recycling sinnvoll ist oder nicht, denn wirklich?

[Ulrike Bürger]

## Auf den Spuren der Zerstörung und des Widerstandes

### Kashipur, Indien 2006

Schon im Augenblick unserer Ankunft spürten wir StädterInnen den Unterschied. Den Unterschied zwischen dem Leben in zivilisierten, gänzlich vom Staat durchdrungenen Dörfern und Städten und dem Leben der Adivasi, der hier lebenden indigenen Bevölkerung. Sicher, ihre Lebensweise war durch die Jahrzehnte staatlicher Einmischung, Manipulation und Herrschaft, durch Jahrzehnte staatlicher Plünderung und Zerstörung, durch das gewaltsame Eindringen des Marktes in ihre Gesellschaft angefressen, und sie wurden in die Bahn des normalen zivilisierten Lebens gedrängt – also in den Kampf ums Überleben, das offene Geheimnis der Zivilisation.

Aber trotz alledem war von der Lebensweise der Adivasi noch etwas erhalten geblieben – in den abgelegenen Dörfern etwas mehr, in Dörfern wie Kuchaipadar, direkt an der die Region durchschneidenden Fahrstraße gelegen, etwas weniger.

Und was erhalten geblieben war, war anrührend und schön. Die typische Offenheit dieser Menschen, ihr Wunsch, das, was sie besaßen, mit uns zu teilen, die Wärme und Fürsorge, mit der sie uns umgaben, ihre schönen Tänze und Gesänge, der magische Klang der Trommeln, das fröhliche Stampfen ihrer Füße, die schöne Bewegung ihrer Leiber, die bezaubernde Offenheit, mit der junge Männer und Frauen aufeinander zugehen konnten, all das berührte mich tief in meinem Innern.

Ich war nicht zum ersten Mal in einem Adivasi-Gebiet. Schon früher hatte ich in anderen Gegenden Ähnliches erlebt. Und ich hatte Lieder voll tiefen Schmerzes gehört, die dem Gefühl eines großen Verlustes entsprangen: Die Verbundenheit mit der Natur, der friedlichen, großzügigen Natur, ist für immer zerstört, und das Leben wird gewaltsam und für immer von außen verändert, gegen den eigenen Wunsch und Willen der Menschen.

Im Dezember 2000 schlossen sich die UreinwohnerInnen und die DalitBevölkerung in Kashipur unter dem Banner der PSSP (Prakrut Sampad Suraksha Parishad, dt.: Vereinigung zum Schutz der natürlichen Ressourcen) zu einer großen Protestaktion zusammen: Um das Bauxitabbauprojekt der Vereinigung UAIL zu verhindern, sollte die Straße blockiert werden.

Am 15. Dezember 2000 versuchte die Regierungspartei gemeinsam mit anderen politischen Parteien der herrschenden Klasse, im Dorf Maikanch eine Kundgebung zugunsten des Bauxitabbaus zu erzwingen. Es wurden Fahrzeuge bereitgestellt, um die mehrheitlich auswärtigen TeilnehmerInnen in die Ortschaft zu bringen. Die Bevölkerung von Maikanch jedoch wehrte sich entschieden gegen eine solche von außerhalb und gegen ihren Willen inszenierte Veranstaltung in ihrem Dorf und vertrieb die

Eindringlinge. Tags darauf kamen bewaffnete Polizeieinheiten und begannen, auf die Menschen zu schießen. Die Männer flohen in die Berge. Die Frauen und einige Jugendliche blieben zurück, protestierten und versuchten, die Polizisten von ihrem Tötungsvorhaben abzubringen. Sie wurden zusammengeschlagen und von der Polizei mit dem Tode bedroht. Die Polizisten feuerten weiter auf die Männer in den Bergen. Drei Ureinwohner wurden getötet, Dutzende erlitten Schussverletzungen.

In den folgenden Tagen ging der Polizeiterror weiter. Aber die Adivasi ließen sich nicht einschüchtern. In der Nacht kamen sie zu Tausenden und versammelten sich auf der Straße. Und so, wie sie es in ihrem zuvor beschlossenen Protestplan festgelegt hatten, blockierten sie die Straße bei Rabkana. Der Versuch, den Widerstand mit massenhafter Repression und Terror zu brechen, hatte eine gebührende Antwort bekommen.

Es dauerte kein Jahr, bis sich Norsk Hydro aus dem Projekt zurückzog. Vermutlich wurde das Unternehmen von Teilen der norwegischen Kirche unter Druck gesetzt und erkannte, dass der Widerstand in Kashipur trotz der Repression des indischen Staates nicht so leicht zu überwinden war.

Für den Widerstand war dies nur ein kleiner Sieg. Klein deshalb, weil UAIL umstrukturiert wurde. Das Unternehmen Tata hatte das Projekt bereits 1998 verlassen. Hindalco und Alcan wurden jetzt, nachdem auch Norsk Hydro abgesprungen war, die einzigen Anteilseigner von UAIL.

## Die Maschinerie des Todes und der Zerstörung kam nicht zum Stehen

Den meisten Menschen in den Städten ist es egal, was mit den UreinwohnerInnen geschieht. Viele, insbesondere aus dem Bürgertum, sind sogar aktive UnterstützerInnen der Politik des Todes und der Zerstörung. Die meisten Zeitungen, große wie kleine, spucken Gift und Galle gegen den Widerstand.

Die Journalisten sind von Alcan-Hindalco gekauft und dienen ihren Herren, den Unternehmen, den Parteien der herrschenden Klasse und auch einfach ihrem Eigeninteresse und ihrem Ehrgeiz, ein materiell reiches Leben zu führen – in Wirklichkeit ein völlig leeres Leben.

Die Hunderte von Millionen armer und hungriger Menschen, die ständig um ihr Überleben kämpfen müssen, sind dagegen ohnmächtig. Sie sind kaum in der Lage, aktiv zu werden und in Solidarität mit jenen zu handeln, die sich dem tödlichen Marsch der Industriegesellschaft widersetzen. Wir leben in einer postmodernen Welt:

Der Leviathan[1] und seine Technologie vernichten jede andere Lebensform, zerstören uns selbst und die gesamte Umwelt von außen und durchdringen uns zutiefst mit ihrer Gentechnik, Kybernetik[2] und Biotechnologie. Was für eine leere, fruchtlose, vergiftete Existenz.

In irgendeiner Ecke dieser Welt haben UreinwohnerInnen seit unzähligen Generationen ein freies und friedliches Leben geführt, ohne sich selbst und ihre Umwelt zu zerstören, ein Leben als Teil der Natur. Jetzt kämpfen sie, um das, was von dieser Lebensweise übrig ist, zu verteidigen und zu schützen. Ihre Lebensform ist einem Krieg der Zivilisation ausgesetzt. Schon heute ist sie nur noch ein blasser Widerschein der Vergangenheit, zerbrochen und zerfetzt, geplündert und beschädigt durch die zivilisierten Kräfte und Institutionen des Staates. Und dennoch ist sie immer noch freier, egalitärer und friedlicher als jegliche zivilisierte, staatsförmige Gesellschaft. Ähnliches gilt für die Buschmänner in der afrikanischen Kalahari, die verschiedenen Ethnien Brasiliens, Indiens und anderer Länder.

Für die Adivasi-Gemeinschaften Indiens ist der indische Staat ein Regime der Zerstörung und des Völkermords. Die Politik der Kolonisierung war dabei bereits Teil der indischen Zivilisation, bevor der britische Staat weite Teile Asiens kolonisierte. Seit 1947 setzt sich diese Politik als ein beispielloser Marsch des Todes in der Tradition des britischen Kolonialismus fort.

Immer wieder jedoch stößt das europäische Projekt, jede Ecke der Welt den Mächten von Staat und Macht zu unterwerfen, auf den Widerstand der UreinwohnerInnen.

Das gemeinsame Vorgehen der Adivasi-Gemeinschaften und der

---

1 *In der jüdisch-christlichen Mythologie ein gewundenes Meeresungeheuer, das Macht verkörpert. Durch die gleichnamige staatsphilosophische Schrift Thomas Hobbes wurde der Leviathan zur Metapher für Allmacht insbesondere des Staates.*

2 *Forschungsrichtung zu Kommunikation, Steuerung und Regulation von lebenden Organismen, Organisationen oder Maschinen.*

Dalits gegen das Bauxitabbauprojekt in Kashipur ist Teil dieses fortgesetzten Widerstandes im Zeitalter der Globalisierung von Staat, Kapital und Markt, als deren Werkzeug der Bundesstaat Orissa agiert. Seit dem 1. Dezember 2004 überzieht er Kashipur mit einer massiven Repressions- und Terrorkampagne. 800 oder mehr Paramilitärs sind in der Region stationiert. Am 1. Dezember wurde mit dem Bau einer Kaserne für diese Truppen sowie einer neuen Polizeiwache und einem Gebäude für UAIL begonnen. Über Jahre hinweg hatte der Widerstand verhindert, dass UAIL hier irgendetwas bauen konnte, und auch eine Polizeiwache hatte es bei Kuchaipadar nie gegeben. Jetzt haben sie es dank ihres überwältigenden Terrorapparats geschafft. Alte, Kinder, Jugendliche, die am 1. Dezember Widerstand leisteten, wurden brutal geschlagen, verhaftet und ins Gefängnis gesteckt.

*Protestmarsch der Adivasis in Tikri*

Seitdem marschieren die Kräfte des Terrors und des Todes durch das ganze Gebiet. Die Menschen werden terrorisiert und gezwungen, ein Papier zu unterschreiben, mit dem sie ihre Unterstützung für das Bauxitprojekt bekunden.

Wenn Menschen versuchen, sich zu versammeln und über die Situation zu diskutieren, werden sie bedroht, terrorisiert, geschlagen, verhaftet. Dennoch gab es Versuche, den Ausbau der Straße zu behindern, ohne den weder die Monstermaschinen in die Berge gelangen noch das Material zum Bau der Weiterverarbeitungsanlage oder das abgebaute Bauxit transportiert werden können.

Der Premierminister des Bundesstaats Orissa erklärte daraufhin gegenüber der Presse, dass man den Kriminellen, die sich der Entwicklung entgegenstellten, eine Lektion erteilen müsse und dass man keinen Widerstand gegen die industrielle Entwicklung dulden werde.

Die Medien, die PolitikerInnen, die Claqueure der Aluminiumindustrie verbreiten die Lüge, die Adivasi-Gemeinschaften würden durch ausländische Unruhestifter aufgehetzt. Angesichts dessen, dass 45 % der UAIL-Anteile dem kanadischen Alcan-Konzern gehören, dem weltweit zweitgrößten, multinational agierenden Aluminiumproduzenten, ist es ebenso paradox wie dreist, dass ausgerechnet diese Kräfte behaupten, der Widerstand der UreinwohnerInnen werde aus dem Ausland finanziert. Die absurde These, es gäbe eine ausländische Verschwörung gegen die Industrialisierung Indiens, wird von den gebildeten Klassen aufgetischt und aufgeleckt. Sie haben ja selbst ein vitales Interesse am tödlichen Marsch der Industrialisierung.

### Die Lage in Kashipur ist inzwischen sehr kritisch

Die kleinen städtischen Solidaritätsgruppen in Orissa und anderen indischen Bundesstaaten, die Berichte diverser Menschenrechtsgruppen, die das Gebiet besucht haben, die moralische Unterstützung einiger Organisationen und Prominenter und die in den vergangenen zwei Jahren aktiv gewordene kanadische Solidaritätskampagne „Alcan't in India"[3] haben es nicht geschafft, Alcan und UAIL aus Kashipur zu verjagen und die Herrschaft des Terrors zu stoppen. Deshalb müssen wir uns hier in Europa organisieren und mit dem Widerstand solidarisieren, bevor der Bauxitabbau beginnt und der Widerstand, und mit ihm eine ganze Lebensform, zerstört wird.

Etwa 100 Kilometer von Kashipur entfernt laufen bereits zwei Bauxitabbauprojekte. Auch sie liegen auf Adivasi-Gebiet. Sie sind in der Hand britischer Unternehmen und marschieren unaufhaltsam voran, nachdem Repression und Terror den Widerstand im Keim erstickt haben. Und sie sind nicht die Einzigen: Viele weitere monströse Industrialisierungsprojekte schaffen sich Raum in Orissa, dem neuen indischen Schmelztiegel der Globalisierung.

[Shankar Narayanan]

---

3   Ein Wortspiel mit dem Firmennamen Alcan und dem englischen „can't" = kann nicht, darf nicht

## Biokraftstoffe, ein Segen?
## Und wenn ja: für wen?

Die Energieversorgung ist eine der zentralen Fragen unserer Zukunft. Steigende Bevölkerungszahlen, zunehmende Technisierung, aufsteigende Industriestaaten, damit verbunden: steigender Energiebedarf, knapper werdende Erdölvorkommen, Auswirkungen auf Umwelt und Klima – Schlagworte, die freundlich fragen: Wie stillen wir, wie stillt die Welt ihren Energiehunger? Eine im Moment beliebte Antwort: Biokraftstoffe. Biokraftstoffe: Wir stellen uns vor, wie wir unser Auto mit Sonnenblumen betanken, und dann sagt jemand: Richtig neu ist die Idee, Energie mittels pflanzlicher Öle zu gewinnen, nicht. Rudolf Diesel stellte Pflanzenöl-Kraftstoff für Otto-Motoren bereits 1890 vor. In Belgien wurde 1938 eine Buslinie mit Palmöldiesel betrieben. In den 70ern, zu Zeiten der Ölkrise, wurden in Amerika und Brasilien erste Regierungsschritte für Biotreibstoffe eingeleitet. Und 1974/75 wurde die Förderung von Ethanolkraftstoffen auf Mais- und Zuckerrohrbasis beschlossen. Hintergrund war allerdings primär die Schaffung neuer Absatzmärkte für die Entsorgung von Ernteüberschüssen.

Wir springen zurück in die Gegenwart, nach Brasilien: In Brasilien wurde im Dezember 2008 mehr Ethanol[1] als Benzin verkauft, 15,8 Milliarden Liter Zuckerrohrethanol gegenüber 15,5 Milliarden Litern Benzin. Das bedeutet eine Steigerung des Ethanolverbrauchs um 45 % im Zeitraum eines Jahres. Und dieser könnte weiter wachsen:

*Kronenbereich im intakten tropischen Regenwald*

---
1  *Ethanol: reiner Alkohol*

Die Interamerikanische Entwicklungsbank geht von 120 Millionen Hektar potenziell verwertbaren Ackerlandes in Brasilien aus.

Ethanol ist fast um die Hälfte günstiger als Benzin. Auch die Energiebilanz für Zuckerrohr, gerade in Brasilien, ist sehr gut. Klingt nach einer positiven Entwicklung, oder? Jemand merkt an, dass wir über ökologische und soziale Aspekte des Biokraftstoffgeschäfts noch gar nichts wissen. Richtig, aber lass uns doch zuerst die Argumente der Befürworter zu Ende hören ...

**Biokraftstoffe, Werbeeinblendung**

Die Befürworter von Biotreibstoffen argumentieren, dass diese gerade für die Agrarländer des Südens reizvoll seien. Durch die für das Pflanzenwachstum besseren klimatischen Bedingungen und die niedrigeren Produktionskosten könnten sie in eine gute Position kommen, um ihre Exporte zu erhöhen, durch den neuen Industriezweig neue Arbeitsplätze zu schaffen und damit der Armut entgegenzuwirken. Ausländische Direktinvestitionen begünstigten zudem die wirtschaftliche Entwicklung und den Technologietransfer.

Biokraftstoffe seien klimafreundlicher, wegen des vorher in den Pflanzen gespeicherten $CO_2$ und der gegenüber Erdöl saubereren Verbrennung. Davon scheint auch Bundeskanzlerin Angela Merkel überzeugt zu sein: Im Mai 2008 traf sie sich mit dem brasilianischen Präsidenten Inacio Lula da Silva, um ein Energieabkommen zu schließen. Beide erklärten in der Presse, sie wollen Arbeitsplätze schaffen – natürlich zu fairen Arbeitsbedingungen –, die Wirtschaftsleistung steigern, Armut bekämpfen. Konkurrenz zu Nahrungsmitteln könne verhindert werden und auch der Regenwald werde geschützt, da nachhaltig angebaut und keine neuen Flächen gerodet, sondern die Produktivität der vorhandenen Flächen gesteigert werde.

Klingt richtig gut, zu gut. Uns ist das zu allgemein, zu abstrakt. Also schieben wir Brasilien unter die Lupe, um uns die dortige Biokraftstoffindustrie anzusehen. Wir fragen:

**Und Brasilien, wie geht's *Dir* mit den Biokraftstoffen?**

Brasilien ist der größte und zugleich günstigste Ethanolproduzent weltweit. Die Produktionskosten liegen bei 16 Cent pro Liter Ethanol aus Zuckerrohr, bei US-amerikanischem Mais sind es 26 Cent pro Liter Ethanol. Am teuersten ist die europäische Zuckerrübe mit 45 Cent pro Liter.

Derzeit wird auf 7 Millionen Hektar Zuckerrohr angebaut, bis 2025 soll es eine Fläche von 30 Millionen Hektar werden, um 5 % des weltweiten Bedarfs zu decken. Damit einhergehend wird eine Steigerung des Bruttoinlandsprodukts (BIP)[2] um 11,4 % erwartet. Zudem wird mit der Entstehung von 5 Millionen neuen Arbeitsplätzen gerechnet.

Neben Zuckerrohr wurde die Sojabohne als Energieträger entdeckt. Mit 57 Millionen Tonnen im Jahr ist Brasilien zweitgrößter Sojaproduzent.

*Firmeneigene Tankstelle der Maggi-Gruppe auf dem Betriebsgelände in Mato Grosso – befüllt mit „normalem" Diesel*

Auf 21 % der Anbauflächen wächst die vielseitig verwendbare Pflanze bereits, und die Flächen sollen noch um 60 Millionen Hektar erweitert werden. Mato Grosso ist das Hauptanbaugebiet und gleichzeitig auch das Gebiet mit der höchsten Abholzungsrate. Aber nur böse Zungen würden hier einen Zusammenhang vermuten.

Der Gouverneur von Mato Grosso und größter Sojaproduzent Brasiliens ist Maggi. Dieser erhielt von der Deutschen Investitions- und Entwicklungsgesellschaft (DEG) einen Kredit und konnte damit seine Lagerkapazitäten erhöhen und die Produktion auf 1 Million Tonnen steigern. Dabei ist gerade Maggi Vorreiter, wenn es um die Vernichtung von Urwald geht. So bestätigten brasilianische Umweltbehörden die Abholzung von 50.000 Hek-

---

2  Gesamtwert aller Güter, die innerhalb eines Jahres in einer „Volkswirtschaft" hergestellt wurden.

tar Urwald durch die Maggi-Gruppe.³

Jemand von uns ruft dazwischen: Ob Bundeskanzlerin Merkel ihre Aussage über faire Arbeitsbedingungen aufrechterhalten würde, wenn sie sich mal vor Ort auf der Farm von Maggi umsehen würde? Die ArbeiterInnen leben dort in Häuserkomplexen, werden tagtäglich mit dem Bus auf die Felder und wieder zurück gebracht.

Was immer Frau Merkel tut, wir blenden über zu einer

*Großaufnahme der sozialen Folgen*

Auf den Zuckerrohrplantagen ist die Situation der ArbeiterInnen besonders schlimm Die Uni in Sao Paulo belegt, dass Beschäftigte auf einer Zuckerrohrplantage maximal 12 Jahre arbeiten können, bevor sie krank werden.

Laut der FoE-Studie, die im April 2008 veröffentlicht wurde, stellt die Realität auf den Zuckerrohr-Plantagen in Brasilien das Gegenteil von nachhaltiger, sozialer Produktion dar. Die Arbeitsbedingungen für ZuckerrohrarbeiterInnen gehören zu den schlechtesten auf der Welt. Sklavenähnliche Arbeitsverhältnisse, Niedrigstlöhne und fehlender Arbeits- und Gesundheitsschutz führen dazu, dass ZuckerrohrarbeiterInnen die geringste Lebenserwartung und die höchste Kindersterblichkeit in ihren Familien haben.

Der großflächige Anbau führt zu einer Konzentration des Landbesitzes und des Einkommens. In der Konkurrenz um Land werden indigene Völker und Kleinbauern, wenn nötig auch gewalt-

*Brasilianische Regenwälder in Mato Grosso verwandeln sich: Sojamonokultur und Maschinenhalle der Maggi-Gruppe*

---

3   *Über die Umweltprobleme der Sojaproduktion siehe auch Text ab Seite 79*

sam, vertrieben.[4]
In Kolumbien arbeitet die Agrarspritfirma Urapalma mit Paramilitärs zusammen, um die Menschen von ihrem Land zu vertreiben und Flächen für Palmölplantagen zu gewinnen. Eine solche Agrarsprit-Mafia ist auch in Indonesien, Peru, Malaysia, Euador, Kamerun, Uganda und einigen anderen Ländern dokumentiert.

Kleine Bauern können nicht so günstig wie die großen Plantagenbesitzer produzieren, wodurch sie auf diesem Markt keine Chance haben. Den Betroffenen bleibt wenig Spielraum – viele wandern in Slums aus, schuften als rechtlose TagelöhnerInnen oder roden neue Gebiete.

Die Biokraftstoffbranche verspricht, neue Arbeitsplätze zu schaffen. Das ist nicht völlig falsch, führt aber in die Irre, weil man vergisst, dass gleichzeitig viele vernichtet werden: Auf kleinen Farmen werden ca. 30 Leute pro Hektar benötigt, auf großen Plantagen pro Hektar im Schnitt nur 1,7 Arbeiter.

Von der Biokraftstoff-Industrie profitieren nur bestimmte Gruppen, so dass es zu einer zunehmenden sozialen Ungleichheit und Fragmentierung kommt. Der brasilianische Befreiungstheologe, Autor und Kolumnist Frei Betto spricht daher von „Todessprit": Der Zuckerrohranbau basiere auf Ausbeutung. Als Folgen des Biokraftstoffbooms nennt er Landflucht sowie Slumwachstum, die Zunahme von Morden, Rauschgifthandel, Kinderprostitution und Urwaldzerstörung.

*Biokraftstoffe machen Hunger*

Ein weiteres, gern verschwiegenes Problem: Biokraftstoffe erhöhen die Gefahr von Hungerkatastrophen. Durch die höheren Profite bei Energiepflanzen entsteht eine Konkurrenz zu Nahrungsmittelpflanzen. Die Nachfrage nach Pflanzen für Agrartreibstoffe sowie die steigenden Grundstückspreise für Agrarflächen schieben die Preise nach oben.

Das International Food Policy Research Institute schätzt, dass durch den Boom der Agrartreibstoffe der Weltmarktpreis für

---

4 *Allein in Brasilien wurden zwischen 1985 und 1996 5,3 Millionen Menschen vertrieben, was sich gleichzeitig im Verlust von 941.000 kleinen und mittleren landwirtschaftlichen Betrieben niederschlägt.*

Mais bis 2020 um bis zu 41 % steigen kann, die Preise für Ölpflanzen wie Soja sogar um bis zu 76 %. Nach Hochrechnungen des Instituts führt allein ein einprozentiger Preisanstieg bei Grundnahrungsmitteln zu 16 Millionen mehr Hungernden.

US-Agronomen gehen davon aus, dass die Zahl der hungernden Menschen bis 2025 um 350 Millionen steigen wird.

*Wüsten mögen Biokraftstoffe ...*

Ebenso besorgniserregend ist die Konkurrenz um Wasser, die durch den extrem hohen Wasserverbrauch für Bewässerung und Herstellung in dieser Industrie entsteht. Jeder Liter Zuckerrohralkohol verbraucht bis zu 3.500 Liter Wasser. Das International Water Management Institute (IWMI) warnte in seinem Bericht 2006 vor der Verstärkung des Wassermangels durch den Biokraftstoffboom. Ein erhöhter Wasserverbrauch führt außerdem zu einem Absinken des Grundwasserspiegels.

Nur zu deutlich wird die Verteilung der Kräfte und der Interessen bei dem Projekt der teilweisen Umleitung des Rio San Francisco. Im Einzugsgebiet dieses 30.000 km langen und ganzjährig Wasser führenden Flusses leben 12 Millionen Menschen. Bereits jetzt haben sich riesige Plantagen entlang des Ufers ausgebreitet. Angeblich soll die Umleitung, welche weit über 2 Milliarden Euro öffentlicher Gelder verschlingt, die Wasserversorgung aller verbessern, doch in den Projektgeldern findet sich kein Budget für Leitungen in die kleinen Dörfer.

Der eigentliche Grund ist die Ausweitung der Agrarindustrie im Nordosten Brasiliens für die Schaffung von 130.000 Hektar zusätzlicher Anbauflächen in den Bundesstaaten Pernambuco und Bahia. Mit dem Bau des Staudammes von Sobradinho verlieren die dort ansässigen Kleinbauern und Truka- und Tumbala-Indianer ihre fruchtbaren Felder am Fluss. Nebenarme trocknen aus, das Wasser wird durch Dünger verschmutzt, die Uferbereiche geschädigt, der Fischbestand sinkt. In der Folge wird die Lebensgrundlage tausender Menschen zerstört.

Die Versprechen der Biokraftstoff-Branche bröckeln, und dann sagt jemand von uns: Wir sind noch nicht fertig. Wir müssen unbedingt noch die Umwelt dazu befragen, was sie von Biokraftstoffen hält.

## Umwelt *und* Biokraftstoffe: „Geht gar nicht!"

Betrachtet man die ökologischen Auswirkungen der riesigen Monokulturplantagen, ist die Vorsilbe „Bio" in Biokraftstoffen ein Wolf im Schafspelz: Die Böden versalzen und laugen aus, weil die Pflanzenreste nicht wieder in den Boden zurück gelangen. Die angegriffenen Böden sind viel anfälliger für Erosion.[5] Der Preis für die Monokulturen ist der Verlust der biologischen Vielfalt.

Um die Ackerflächen möglichst lange und mit maximalen Erntegewinnen auszubeuten, ist ein massiver Einsatz von Dünger, Herbi- und Pestiziden unumgänglich. Diese Stoffe vergiften Luft und Wasser und gefährden die Gesundheit der Menschen. Durch die Düngung werden permanent Stickoxide (z.B. Lachgas) freigesetzt. Auch ein Punkt, der gerne vergessen wird bei der Diskussion um $CO_2$-Bilanzen und „klimafreundliche" Treibstoffe. Dabei erwärmt Lachgas die Atmosphäre 300 Mal stärker als $CO_2$. Die Landwirtschaft ist schon heutzutage für 14 % der Treibhausgase verantwortlich, nach Hochrechnungen werden es bis 2020 um die 30 % sein.

### *Gentechnik durchs Hintertürchen*

Wo es um Gewinn- und Produktionssteigerung geht, schaltet sich die Gentechnik in den Biokraftstoffkomplex ein. Sie bietet Maissorten an, die als Viehfutter und Treibstoff nutzbar sind, oder Pflanzen, die gegen Totalherbizide[6] resistent sind.[7]

Einerseits wird dadurch die Bekämpfung unerwünschter Pflanzen vereinfacht und der Anbau auch unter ungünstigeren Bedingungen ermöglicht. Andererseits wird durch das Totalherbizid Glyphosat die natürliche Stickstoffaufnahme der Pflanzen verringert und ein höherer Kunstdüngereinsatz nötig, einhergehend mit erhöhter Lachgasbildung.

In Südamerika dominiert Monsanto den Markt mit gentechnisch veränderten Sojapflanzen, die resistent sind gegen das krebsfördernde Totalherbizid „Roundup". Syngenta entwickelte die

---

5 *Erosion meint hier die durch Wasser oder Wind ausgelöste und durch die Tätigkeit des Menschen verursachte übermäßige Abtragung und Zerstörung von Böden.*

6 *Totalherbizide sind Mittel, die unspezifisch Pflanzen töten.*

7 *Als Beispiel ist Gen-Soja zu nennen, das gegen das Totalherbizid Glyphosat resistent ist.*

Maissorte 3272, die ein starkes Allergen enthält, welches in die Nahrungskette gelangen könnte.

Für Mensch und Natur birgt der Gentechnikeinsatz Gefahren: gesundheitliche Schäden, die Verdrängung natürlicher Pflanzen und traditioneller Anbauweisen. Denn auch in puncto Gentechnik sind große Unternehmen gegenüber kleinen Bauern im Vorteil. Sie drohen in weitere Anhängigkeiten von Konzernen zu rutschen. Teures Saatgut und spezifischer Dünger bürden ihnen zusätzliche finanzielle Belastungen auf.

### Biokraftstoffproduktion als Klimakiller

Die angeblich gute $CO_2$-Bilanz der Biokraftstoffe sieht gar nicht mehr gut aus, wenn man die flächenhaften Brandrodungen mit einbezieht. Denn durch die Verbrennung von Mooren und Wäldern steigt der $CO_2$-Gehalt rasant an.

80 % der derzeitigen Treibhausgase in Brasilien werden durch Brandrodungen verursacht. Die Rodungen in Mato Grosso sind im Mai 2007 zum Vorjahr um 200 % gestiegen. Der Wissenschaftler des Instituto National de Pesquisais Espaciais (INPE), Alberto Setzer, berichtete, dass sich die Anzahl der per Satellit registrierten Brände im August 2007 gegenüber August 2006 mehr als verdoppelt habe.[8]

Durch Rodungen werden die Rückhaltebecken zerstört, so dass es immer häufiger zu Flutkatastrophen kommt, einzigartige Urwälder werden vernichtet und damit der Lebensraum vieler Tierarten. Die Bodenfruchtbarkeit geht verloren, Savannen dehnen sich aus.

Okay, denken wir, unsere Biokraftstoff-Euphorie hat einige Dämpfer bekommen. Aber wie kann es sein, dass Biokraftstoffe marktfähig geworden sind? Und warum wissen wir so wenig über die Leute, die uns die Biokraftstoffe aufgeschwatzt haben? Also gut. Werfen wir einen Blick hinter die Kulissen des Biokraftstoffbooms.

---

[8] *Insgesamt wurden 16.592 Brände registriert. Am schlimmsten sei die Situation in den Amazonasstaaten Para (5.020 Feuer), Mato Grosso (4.665) und Rondonia (1.663). So Setzer gegenüber der Zeitung Estado de Sao Paulo.*

## Konzernkarussell rund um Biokraftstoffe

Manche der Namen haben wir schon mal gehört, andere nicht. Fest steht jedoch sofort: Es sind große Konzerne, die sich für Biokraftstoffe stark machen. Jemand von uns sagt: Die sind weniger am Umweltschutz interessiert als an der Erweiterung ihrer Absatzmärkte. Anders gesagt: Den Konzernen geht es darum, sich an die Veränderungen des Weltmarktes in Zeiten des Klimawandels und der knapper werdenden Rohstoffe anzupassen.

Kann sein, denken wir, aber erstmal wollen wir wissen, von wem hier die Rede ist.

## Die Besetzung des Biokraftstoff-Konzernkarussells

*Die Konzerne der Automobilindustrie*

Sie investieren in Forschung und Handel mit Biokraftstoffen, um die Finger in beiden Energiemärkten zu haben und um einer möglichen Konkurrenz dieser Märkte aus dem Weg zu gehen. Biokraftstoffe helfen ihnen, die Forderung zu ignorieren, weniger oder verbrauchsärmere Autos herzustellen.

*Der globale Nahrungsmittelhandel*

Dessen Vorteile liegen auf der Hand: Nahrungsmittelhändler bekommen die Chance, zu expandieren und Überschüsse zu verkaufen, ohne sinkende Preise zu fürchten. Zudem nutzen sie die Subventionen, um Handelswege auszubauen und noch günstiger produzieren zu können. Vielerorts haben Konzerne wie

*Statt tropischen Regenwaldes: Unterkünfte der leitenden Angestellten, Pestizideinsatz und ein Sojasilo der Maggi-Gruppe in Mato Grosso*

Cargill[9] oder ADM (Archer Daniels Midland Company) bereits die Kontrolle über die Handelskette von der Produktion bis zum Handel.

*Die Gentechnikunternehmen*

... dürfen im Konzernkarussell natürlich nicht fehlen. Monsanto, Bayer oder BASF, um nur einige zu nennen, liefern gentechnisch verändertes Saatgut, Ackerfrüchte, Baumsorten und Pestizide. Ihnen ermöglicht der Biokraftstoffboom nicht nur Umsatzsteigerungen, sondern auch die Möglichkeit, gentechnisch veränderte Pflanzen zu verkaufen, die nicht als Nahrungsmittel angenommen werden.

Viele Menschen stehen dem Verzehr gentechnisch veränderter Nahrungsmittel kritisch gegenüber, haben Ängste und Vorbehalte gegenüber der „Grünen Gentechnik". Der Biokraftstoffkomplex stellt ein Hintertürchen dar, um transgene Pflanzen dennoch marktfähig zu machen, hindernde Gesetze zu umgehen und die Forschung voranzutreiben.

Die einzelnen Konzerne werden noch einflussreicher durch die Bildung von Allianzen. So kooperiert BP unter anderem mit dem Chemie- und Biotechnologieunternehmen Dupont, um genmanipulierten Pflanzentreibstoff herzustellen. Außerdem arbeitet BP mit Toyota an der Ethanolherstellung aus Zellulose. VW hat einen Vertrag mit ADM. Monsanto arbeitet mit Cargill an Genmais, der sowohl für Tierfutter wie auch für Agrarsprit geeignet ist.

Diese Konzerngeflechte üben wiederum Druck auf die Regierungen aus, welche die politischen Rahmenbedingungen schaffen. Sei es durch Subventionen[10], womit der Ausbau von Handelswegen und eine billigere Produktion ermöglicht werden, sei es durch Steuervergünstigungen für Unternehmen, die erneuerbare Energien nutzen oder durch die gesetzlich festgelegte Zumischung von Biodiesel für Autos und die damit einhergehenden Handelsverträge.

Zudem gibt es Überlegungen, Gentechnikverordnungen und -ge-

---

9 *Cargill ist ein international agierender Getreide-Großhändler.*

10 *So subventioniert z.B. die US-amerikanische Regierung die Biokraftstoffbranche jährlich mit 5,5 bis 7,3 Milliarden Dollar.*

setze für Agrarspritpflanzen aufzuheben, weil sie nicht für die Nahrungsmittelindustrie verwendet und damit einhergehende Gefahren ausgeschlossen werden. Viele Regierungen sehen in diesen „grünen Kraftstoffen" die Verwirklichung eigener Interessen, wie einer höheren Unabhängigkeit vom Erdöl und einer Steigerung der Exporte.

Trotz dieser finanzstarken Akteure wäre dieser Markt ohne das Mitwirken globaler Investoren nicht gewinnbringend zu etablieren. So investieren Banken wie Goldman-Sachs und Barcleys oder Aktienfonds wie die Carlyle Group Milliarden in Biokraftstoffe. Ebenso beteiligen sich an diesen Geschäften Privatpersonen wie Bill Gates, der eine Ethanol-Fabrik in Amerika kaufte oder Hedge Fonds-Guru George Soros, der vor allem in Brasilien Land und Ethanol-Fabriken kauft.

**Alternative Entwicklung in Indien**

Im April 2003 wurde die Bio-Diesel-Initiative der indischen Regierung mit einem Pilotprojekt auf 400.000 Hektar ins Leben gerufen. Die Ziele dabei sind die Wiederherstellung beeinträchtigter Böden und des Ödlandes, die Verbesserung der Lebensbedingungen der ländlichen Bevölkerung und die Förderung einer selbsttragenden Expansion von Biodiesel.

Dazu wurde ein Abkommen zwischen der Regierung, den Bauern und der Industrie geschlossen. Die hierfür verwendete Pflanze ist die Jatropha oder Purgiernuss, die sich durch ihre geringen Standortansprüche und einen Ölgehalt von 33 % im Samen und 50 % im Samenkern auszeichnet. Die Pressrückstände sind als organischer Dünger nutzbar und der Jatropha-Diesel verbrennt rußfrei und mit geringem Schwefeldioxid-Ausstoß.

Die Versuchsplantagen liegen in der Umgebung von Hyderabad und werden von verschiedenen NutzerInnengruppen verwaltet. Die Hälfte der Beschäftigten sind landlose GelegenheitsarbeiterInnen aus niederen Kasten, die andere Hälfte Bauern, die im Durchschnitt nicht mehr als 2 Hektar Land besitzen. Da keine maschinelle Ernte möglich ist, werden längerfristige Arbeitsplätze gesichert und eine zusätzliche Einnahmequelle für die LandarbeiterInnen geschaffen.

Frauen hilft dieses Projekt, sich durch die Pflege der Baumschulen und das Sammeln der Samen ein eigenes Einkommen zu sichern. Die Gehälter von Frauen und Männern sind gleich hoch.

Die LandarbeiterInnen mussten sich in Gruppen zusammenschließen, um an den Plantagen wirtschaftlich beteiligt sein zu können. Die ArbeiterInnen erlangten Kreditwürdigkeit, Nutzungsrechte und verfügen über die Gewinne. Es gibt auch eine reine Frauengruppe.

Zurückgegriffen wird auf Böden, die für landwirtschaftlichen Anbau schwer bis gar nicht nutzbar waren.[11] Jatropha verbessert die Bodenqualität, so dass die Böden nach einiger Zeit wieder für andere Formen der landwirtschaftlichen Produktion nutzbar sind. Jatropha ist beispielsweise für Mischkulturen mit Gemüsesorten geeignet, die geringe Lichtansprüche haben. Durch starkes Wurzelwachstum kann Jatropha als Mineralstoffpumpe wirken und schützt vor einer Abtragung der Böden.

Eine der Hauptursachen für die Luftverschmutzung im Großraum Hyderabad sind die mit fossilem Brennstoff betriebenen Busse. Daher initiierte die Regierung 2005 ein Biodieselbus-Projekt, durch welches laut Untersuchungen ein erheblicher Rückgang der Emissionen erreicht wurde. Des Weiteren könnte durch Errichtung einer Ölpressanlage auf Dorfebene Biodiesel lokal als Antriebskraft in der Landwirtschaft oder zur Stromerzeugung genutzt werden. Denn in den ländlichen Gebieten haben viele Bewohner nur beschränkt oder gar keinen Zugang zu Energie.

**Zukunftsaussichten**

Da selbst mit den geplanten Ausweitungen der Anbauflächen niemals der Energiebedarf der Welt gedeckt werden könnte, stellt sich doch die Frage, ob Biosprit wirklich eine Alternative zum Erdöl darstellt. Natürlich könnte es als ein Teil für den Energiemix benutzt werden.

---

*11   Unter anderem aufgrund starker Erosion.*

> **Energiegleichung für Zahlensüchtige**
> Greifen wir das Argument des Biokraftstoff-Fanblocks auf – von wegen besserer Energiebilanzen. Also: Die beste $CO_2$-Bilanz hat Zuckerrohr. Selbst für in Brasilien erzeugtes und in Europa getanktes Ethanol entstehen 10 g $CO_2$ pro Megajoule. Rapsöl dagegen hat den schlechtesten Wert mit 50 g $CO_2$.
> Zur Gewinnung von 100 Einheiten Energie aus Mais sind vorher 75 Einheiten Energie aus fossilen Brennstoffen für Anbau und Verarbeitung nötig. Für Ethanol aus Rutenhirse 25 und aus Zuckerrohr sogar nur 12. Biodiesel aus Soja und anderen Ölsaaten bedarf rund 33 Einheiten Energie.
> Wenn heutzutage die gesamten Mais- und Sojaernten genutzt würden, könnte Amerika nur 12 % des Benzin- und 6 % des Dieselverbrauchs decken.
> Dabei wird laut Daten des „International Energy Outlook" der Energieverbrauch bis 2030 noch um 71 %, der Erdölverbrauch um 50 % steigen. Die Verwendung von Kohle, Erdgas und erneuerbaren Energien wird sich verdoppeln. Erneuerbare Energien inklusive der Agrartreibstoffe werden nach Schätzungen nur 9 % ausmachen. Bescheidene Zahlen.

Allerdings sind bereits jetzt katastrophale Auswirkungen für Mensch und Natur spürbar. Ein Ende dieser Entwicklung ist nicht absehbar. Die fortschreitende Produktivitätssteigerung landwirtschaftlicher Flächen zieht immer umweltschädlichere Anbaumethoden nach sich. Zudem birgt der Einsatz gentechnisch veränderter Pflanzen die Gefahr, dass sich transgene Nutzpflanzen mit Wildpflanzen kreuzen. Die ökologischen Folgen solcher Prozesse sind noch nicht absehbar.

Ist es – im Hinblick auf das Welthungerproblem – nicht absurd, Getreide, welches einen Menschen ein Jahr lang ernähren könnte, für eine Tankfüllung eines Mittelklassewagens zu verwenden? Ob Zuckerrohr, Mais, Soja oder Raps – es handelt sich um potentielle Nahrungsmittel für Menschen.

Eine Möglichkeit, um Preiskonkurrenz zu Nahrungsmitteln zu vermeiden, wäre es, Pflanzen zu verwenden, die nicht zum Verzehr geeignet sind und am besten auch noch auf Böden wachsen, die für die landwirtschaftliche Produktion ungeeignet sind, wie die Jatrophapflanze in Indien.

Viele setzen ihre Hoffnungen auf Biokraftstoffe der zweiten Generation („Biomass to Liquid"). Gemeint ist die Treibstoffherstellung aus Zellulose. Diese Treibstoffe weisen eine höhere Energieeffizienz und geringere Treibhausgasemissionen auf. Allerdings bergen sie zum einen noch größere ökologische Gefahren durch die stärkere Verarmung der Böden. Zum anderen bleibt auch hier die Konkurrenz um Land und Ressourcen, selbst wenn diese Pflanzen auf unfruchtbareren Böden angebaut werden. Und auch in Indien wird es schwer möglich sein, Plantagen in der nötigen Größenordnung auszuweiten, ohne dabei Flächen mit ungeklärten Landrechten nutzen zu müssen. Ernsthafte soziale Konflikte sind vorprogrammiert.

Auf EU-Ebene wird ein Zertifizierungsverfahren ausgetüftelt, um sicherzustellen, dass die importierten Biokraftstoffe auch aus nachhaltigem Anbau stammen und keine neuen Flächen gerodet wurden. Jedoch stellt sich die Frage, wie dieser Umstand kontrolliert werden soll. Womöglich dienen diese Zertifikate mehr unserem Gewissen als der Garantie, dass Biokraftstoffe aus nachhaltiger Produktion ohne vorherige Rodungen stammen.[12]

Die Fixierung auf „bessere" Biokraftstoffe oder Kontrollen verhindert die einfache Erkenntnis: So geht es nicht weiter. Was den Energiehunger der Welt betrifft, brauchen wir andere Lösungsansätze. Notwendig ist eine Reduzierung des Verbrauchs, z.B. durch energieeffizientere Kraftfahrzeuge und Gebäude sowie durch ein gedrosseltes Konsumverhalten.

Würde der Treibstoffbedarf bei Autos um 20 % vermindert, könnte so viel Öl eingespart werden wie die Umwandlung des gesamten Getreideertrages der USA in Ethanol bringen würde.

Und außerdem, sagt jemand von uns, hängt der Biokraftstoffboom stark von vielerlei Faktoren wie den Erdölpreisen sowie den politischen Rahmenbedingungen, Gesetzen und Subventionen ab.

Der Boom könnte also auch ebenso schnell wieder beendet sein wie er begonnen hat. Spätestens dann stehen wir vor der Frage: Wie stillen wir, wie stillt die Welt ihren Energiehunger? Und: Sollten wir nicht etwas weniger energiehungrig sein? Was auch immer unsere Antwort ist, sehr wahrscheinlich sind Biokraftstoffe die falsche Antwort auf die richtigen Fragen ...

[Janine]

---

12  Siehe dazu auch Hanno Charisius: Das Wohlfühl-Zertifikat. In: Süddeutsche Zeitung, 22.11.2008

# Regenwald von Sojabohne verschluckt

Die Sojabohne ist eine Hülsenfrucht. Sie zeichnet sich durch einen hohen Anteil ungesättigter Fettsäuren und hochwertiger Proteine aus. Soja liefert alle essentiellen Aminosäuren, zusammen mit Mineralstoffen wie Magnesium, Kalium und Calcium. Nur ein paar Gründe, warum die Hülsenfrucht interessant ist für eine gesunde Ernährung, die nur wenig oder kein Fleisch beinhaltet.

Sojabohnen werden zu verschiedenen Nahrungsmitteln weiterverarbeitet. Dazu zählt Tofu, manchmal auch „Bohnenquark" genannt. Tofu ist, in seiner Grundform, als weißlich gefärbter Block erhältlich und z.B. fester Bestandteil der asiatischen Küche, die ihn gebraten, geräuchert oder mariniert zu verwenden pflegt. Auch als Getränk begegnet uns die Hülsenfrucht. Sojadrinks stellen eine cholesterin- und laktosefreie Alternative zu Milch dar. Weitere Sojaprodukte sind Miso, Tempeh oder Sojasauce.

Die Sojaproduktion ist eine Wachstumsbranche. Die führenden ErzeugerInnen von Sojabohnen sind die USA, Brasilien, Argentinien und China. Allein in Brasilien wurde die Sojaproduktion von 1998 bis 2005 fast verdoppelt.[1] Für einen möglichst hohen Ertrag werden riesige Monokulturen in die Landschaft geworfen und mit Pestiziden eingedeckt. Um den entsprechenden Platz zu schaffen,

---

1 Die Daten sind einem Greenpeace-Report entnommen: www.greenpeace.de/fileadmin/gpd/user_upload/themen/waelder/FS_Soja_ReportAmazonien.pdf

werden brasilianische Regenwälder abgeholzt oder durch Brandrodung vernichtet. Auch der Straßenbau, nötig für den Transport von Soja, schädigt tropische Regenwälder.

Greenpeace berichtet, dass von 2003 bis 2004 binnen eines Jahres über 26.000 Quadratkilometer brasilianischen Amazonas-Regenwaldes abgeholzt wurden. Das entspricht der Fläche von sechs Fußballfeldern pro Minute.[2] Aus neuen Reportagen geht hervor, dass die Zerstörungen zunehmen: Zwischen August und Dezember 2007 wurden mindestens 320.000 Hektar Amazonas-Urwald in Brasilien gerodet.[3]

*Brandrodung für Sojaanbau in Brasilien*

Während der Anbau von Soja eilig ausgebaut wird, wachsen seine ökologischen Folgen, darunter Bodenerosion[4] oder ein Rückgang der Artenvielfalt. Häufig ist das Soja gentechnisch verändert; in Argentinien sind es 99 %. Sollte sich diese Entwicklung fortsetzen, könnten bald auch Bio-Landwirte – z.B. aufgrund von Verunreinigung des Saatgutes – nicht mehr dafür bürgen, dass ihre Sojabohnen frei von Gentechnik sind.

Die Soja-Monokulturen stehen in Brasilien auch für soziale Probleme. Da der Anbau mit hohem technischen und finanziellen Aufwand verbunden ist, werden KleinbäuerInnen immer weiter verdrängt. Viele verlieren ihr Land und müssen sich anschließend den schlechten Arbeitsbedingungen der GroßgrundbesitzerIn-

---

2 www.greenpeace.de/fileadmin/gpd/user_upload/themen/waelder/FS_Soja_Hintergrund.pdf
3 Zahlen der brasilianischen Regierung, die nach Greenpeace zu niedrig angesetzt sind: www.greenpeace.de/themen/waelder/nachrichten/artikel/amazonien_zerstoerung_des_regenwaldes_schreitet_weiter_voran
4 Erosion meint die durch Wasser oder Wind ausgelöste und durch die Tätigkeit des Menschen verursachte übermäßige Abtragung und Zerstörung von Böden.

nen unterwerfen. In deren Händen bündelt sich die lukrative Sojaproduktion. Dem wachsenden Import von Soja steht der Hunger etwa 42 Millionen brasilianischer Menschen gegenüber.

Und das alles, weil ich so viel Tofu esse? Nein, die Gründe sind andere: Soja landet zu 70 % in den Mägen von Tieren, die nur leben, um von Menschen gegessen zu werden. Die Massentierhaltung in Europa ist derart überdimensioniert, dass eine regionale Versorgung mit Futtermitteln nicht mehr möglich ist. Daher werden Mais, Weizen oder Soja in großem Maßstab importiert. Soja ist ein billiges, energiereiches Futtermittel, und der Bedarf danach scheint unstillbar zu sein. Die wichtigsten Abnehmer sind Europa und Japan. Allein Deutschland importierte 2005 über 3 Millionen Tonnen Soja. Und während immer mehr Kraftfutter nach Europa verfrachtet wird, verlieren Menschen in Brasilien die Möglichkeit, sich selbst mit Nahrungsmitteln zu versorgen.

Auch die Treibstoffindustrie hat die Hülsenfrucht für sich entdeckt. Weil die Erdölvorräte dieses Planeten schwinden, sollen Pflanzenöle dafür sorgen, dass der automobile Verkehr weiter seine Runden drehen kann. Neben Mais und Palmöl wird Soja als mögliche Energiequelle genannt. So will die brasilianische Regierung riesige Soja-Plantagen dafür einsetzen, um führend in der Herstellung von Agrokraftstoffen zu werden. Noch mehr abgeholzter Regenwald, noch mehr Flächenverbrauch und Hunger – für Biodiesel aus Soja, den Brasiliens Präsident Lula munter als Umweltschutz verkauft.[5]

**Fazit**

Ich hoffe, dass alle, die Sojabohnen schätzen, jetzt nicht automatisch von einem schlechten Gewissen geplagt werden. Soja ist ein wertvolles Nahrungsmittel. Jedenfalls, wenn es direkt von Menschen verzehrt wird. Wird Soja allerdings an Rinder verfüttert, geht fast 80 % der zugeführten Nahrungsenergie verloren.[6] Das Problem ist also der hohe Fleischkonsum, unter anderem in Europa. Würde die Massentierhaltung drastisch eingeschränkt

---

5 *Informationen zu den sozialen und ökologischen Problemen von Biokraftstoffen finden sich im Text „Biokraftstoffe, ein Segen? Und wenn ja: für wen?" ab Seite 65 oder unter* http://de.wikipedia.org/wiki/Biokraftstoff

6 *Genauere Erklärung zum Energieverlust, der mit der Fleischproduktion einhergeht:* www.vegan.at/warumvegan/umwelt/veganismus_und_umwelt.html

(oder abgeschafft), wäre es nicht mehr nötig, riesige Flächen zu verschwenden, um Kraftfutter zu gewinnen. Soja könnte umweltschonend angebaut und unmittelbar den Menschen zugeleitet werden.

Gleichzeitig würde ein notwendiger Schritt gemacht, damit Menschen in Brasilien oder Argentinien eigenständig definieren können, was und für wen sie produzieren. Statt Exportgüter herstellen zu müssen, könnten sie Landwirtschaft primär für ihre eigene Grundversorgung einsetzen.

Ein Wandel in diese Richtung wird nicht einfach zu erreichen sein. Trotzdem ist es sinnvoll, über die Zusammenhänge von Fleischkonsum, zerstörerischen Soja-Monokulturen, Hunger und Armut zu informieren.

Im eigenen Alltag kann verantwortungsvoller Konsum vorgelebt werden. Es ist möglich, Produkte zu bevorzugen, die auf biologisch und regional produzierte Sojabohnen zurückgreifen.[7] Bei Sojabohnen aus Übersee sollte geprüft werden, ob direkte Handelsbeziehungen zu ErzeugerInnen bestehen, die umweltverträglich anbauen. Damit mensch nur die Sojabohne konsumiert – ohne brennenden Regenwald als Nachgeschmack.

[sp]

Intakter Regenwald im brasilianischen Bundesstaat Mato Grosso

---

7   Ein Beispiel bildet der Tofu des Herstellers Taifun, der Bio-Sojabohnen aus Süddeutschland verarbeitet: www.dradio.de/dlf/sendungen/umwelt/244097

## Palmöl – oder: Würden Orang-Utans Margarine tanken?

Jemand empfahl mir, mich mit Palmöl zu beschäftigen. Doch was hat Palmöl mit mir zu tun, mit meinem Konsum? Ich träume von Palmen, unter denen ich manchmal liegen möchte, und einmal jährlich esse ich eine Kokosnuss. Und vor allem ist es morgens: Ohne Frühstück kann ich nicht denken.

Also gehe ich zum Kühlschrank. Greife zu meiner Lieblingsmargarine. Eine Sonne auf der Verpackung lacht mich an. Mein Blick streift die Zutatenliste, entdeckt als Hauptbestandteil: Palmkernfett. Ich bin verwundert. Und sehe ein, dass ich mich zu früh vom Themenkomplex Palmöl verabschiedet habe. Wahrscheinlich bin ich mit meiner Verwunderung nicht allein. Um sie zu erzeugen, genügt ein Blick in den „durchschnittlichen" Warenkorb: Aufstriche, Süßigkeiten, Waschmittel, Seifen, Kerzen, Kosmetik, Eiskonfekt – alltägliche Produkte, die Palmöl oder Palmkernfett enthalten.

Für die Lebensmittel-, Reinigungsmittel- und Kosmetikindustrie ist Palmöl ein wichtiger Rohstoff. Seit Palmöl als pflanzlicher Energieträger entdeckt wurde, steigt die Nachfrage. Die Palmöl-Produktion: eine Wachstumsbranche, die dramatische ökologische Konsequenzen nach sich zieht ...

**Die Ölpalme im Kurzporträt**

Die Ölpalme stammt ursprünglich aus Afrika, wo Palmöl ein traditionelles Küchenfett darstellt. Durch Züchtung ist aus ihr die ertragreichste fettliefernde Pflanze der Erde geworden. „Schon drei bis vier Jahre nach der Aussaat können die Früchte der Palme erstmals geerntet werden. Aus dem Fruchtfleisch der orangeroten Früchte wird das Palmöl gewonnen. Dazu werden die Früchte direkt nach der Ernte sterilisiert und gepresst, wobei das nach Veilchen riechende karotinhaltige Öl gewonnen wird."[1] Aus den Kernen wird zudem Palmkernfett hergestellt.[2] Beides ist nicht zu verwechseln mit Kokosfett, welches aus der Kokosnuss gewonnen wird.

*Palmölproduktion: Palmenplantage, geerntete Palmkerne, fertiges Öl*

### Was macht den Palmöl-„Boom" aus?

Die Palmölwirtschaft hat ihren Schwerpunkt in Indonesien und Malaysia.[3] Weitere Anbaugebiete finden sich in Thailand, Nigeria, Papua-Neuginea und Kamerun. Brasilien und Kolumbien sind dabei, auf den Zug der Palmölproduktion aufzuspringen. Und dieser fährt immer schneller: Seit 1995 hat sich die Produktion von Palmöl verdoppelt; 2007 waren es 39 Millionen Tonnen. Die Hauptabnehmer: Indien, die EU, China.

Gemessen am Produktionsvolumen, führt Palmöl die „Weltrangliste" der Pflanzenöle an. Der rapide Produktionsanstieg hängt mit dem wachsenden Bedarf an Agrotreibstoffen zusammen. Palmöl bot sich als billige Alternative zu fossilen Energieträgern

---

1 Das Zitat stammt aus einem Bericht über Friedensgemeinden in Kolumbien: www.kolko.de/downloads/kolko_friedensgemeinden_kolumbien.pdf
2 Da es mir um die ökologische und soziale Dimension der Palmölproduktion geht, werde ich in diesem Text vereinfachend von „Palmöl" sprechen.
3 Beide Länder zusammen stellen 85 % der Weltproduktion.

an. Als so genannter Biodiesel wandert es in Autotanks.
Weil es Subventionen dafür gibt, wird Palmöl zudem in hiesigen Blockheizkraftwerken eingesetzt – statt Raps aus Europa. Ich bezweifle allerdings grundsätzlich, dass es Sinn ergibt, potentielle Nahrungsmittel – egal ob Raps oder Palmöl – zur Energiegewinnung zu nutzen. Jedenfalls wenn man volle Mägen wichtiger findet als volle Tanks.

### Unangenehme „Nebenwirkungen" der Palmölproduktion

*Kolumbien: Tausche Gemeinde gegen Palmölplantage*

Die Missachtung der Landrechte indigener Bevölkerungsgruppen oder Kleinbauern gehört zur Politik der Palmölindustrie. Als Beispiel will ich die Entwicklung in Chocó, Kolumbien, anführen: Die Bevölkerung dieser Region bevorzugt eine Nahrungsmittelherstellung in überschaubaren Einheiten. Statt großer Monokulturen gibt es kleine Parzellen für unterschiedliche Nahrungsmittel. Das von den KleinbäuerInnen bearbeitete Land gehört den Gemeinden; der kollektive Landbesitz ist staatlich anerkannt.

Mehrfach jedoch wurden Dörfer in Chocó von militärischen Einheiten angegriffen. Die BewohnerInnen wurden vertrieben, flüchteten in Städte oder bauten neue Gemeinden auf. Konzerne ergriffen ihre Chance: Mittels Scheinverträgen und der Macht des Faktischen eigneten sie sich Gemeindeland an, welches nach den Vertreibungen brachlag – um Palmölplantagen zu errichten. Die Landnahmen sind zu 95 % illegal.[4] Aber es regt sich Widerstand: Die vertriebenen Gemeinden kämpfen um die Rückgabe ihres Landbesitzes. Mit der Palmölproduktion können sie nichts anfangen: Sie verfügen nicht über das Kapital, um die nötige Ausrüstung anzuschaffen. Wozu auch? Den KleinbäuerInnen geht es um Selbstversorgung; das Exportprodukt Palmöl passt nicht zu dieser Orientierung.

*Palmöl-Monokulturen: Umweltzerstörung vorprogrammiert*

Der Palmölproduktion stehen tropische Regenwälder im Weg. Um Platz für Palmöl-Monokulturen zu schaffen, werden diese gerodet. Beliebt sind Brandrodungen, die einen besonders hohen

---

4  *Die Daten stammen aus dem Artikel „Gewalt für Ölpalmen in Kolumbien" von Christian Garcia, veröffentlicht in Nr. 96 des ROBIN WOOD-Magazins.*

$CO_2$-Ausstoß mit sich bringen. Die Palmölindustrie ist in Indonesien und Malaysia der wichtigste Faktor für die Zerstörung des Regenwalds.[5] Sie bedroht all jene, die auf diesen Lebensraum angewiesen sind.

Auch die Begleiterscheinungen der „regulären" Palmölproduktion lesen sich wie ein Programm zur Umweltzerstörung: hoher Wasserverbrauch, Einsatz von Pestiziden und Kunstdüngern.[6] Palmölplantagen entziehen den Menschen vor Ort das Wasser – oder vergiften es. Das Ergebnis: „grüne Wüsten".

*„Die paar Arten und Individuen weniger ..."*

Palmöl-Monokulturen sind in Indonesien zu einer direkten Bedrohung für die Orang-Utans geworden. Weil ihr natürlicher Lebensraum zerstört wird, weichen Orang-Utans auf Palmölplantagen aus, um Nahrung zu finden. Dort werden viele von ihnen gefangen oder erschossen.

Ähnlich ergeht es dem Prinzenhabicht in Papua-Neuguinea oder  dem Roten Stummelaffen in der République de Côte d'Ivoire. Urwaldrodungen bedrohen die für ihr Leben notwendige Umgebung. Dabei sind sie nur die „prominenteren" Opfer der Palmölproduktion. Deren Zerstörungspotential wendet sich gegen die Artenvielfalt, und es bedroht einzigartige Individuen.

---

*5 Über die Bedrohung des tropischen Regenwald durch Palmöl-Plantagen berichtet auch: Rettet den Regenwald e.V. (2007): Regenwald Report Nr. 3/07*
*6 Ausführliche Informationen zu den Umweltschäden der Palmölwirtschaft: http://de.wikipedia.org/wiki/Palm%C3%B6l*

## Bewertung – oder: Was sagen wir den Orang-Utans?

*Folgen für meine Waschmaschine*

Nach Angaben des Industrieverbandes Körperpflege- und Waschmittel e.V. (IKW) werden in Deutschland 10 % der für Wasch- und Reinigungsmittel nötigen Tenside aus Palmöl hergestellt. Dafür sind ca. 22.000 Hektar Anbaufläche nötig – die Größe des Stadtgebiets von Frankfurt am Main.[7]

Das klingt erstmal viel. Aber vor dem Hintergrund der globalen Palmölproduktion scheint mir dieser Aspekt vernachlässigbar zu sein. Zudem ist es möglich und sinnvoll, Kosmetika und Reinigungsmittel zu bevorzugen, die kein Palmöl enthalten.[8]

*Tank – oder Teller?*

Sicher ist, dass Palmöl kein ökologischer Treibstoff ist, solange immer mehr Autos die Erde bevölkern. Um sie alle mit Pflanzenöl zu versorgen, entstünde ein nicht endender Flächenverbrauch, der nur über die Rodung tropischer Wälder zu realisieren wäre. Oder durch die Verdrängung der Nahrungsmittelproduktion.

Das Problem ist ähnlich gelagert wie bei Mais, Soja oder Raps. Wanderte immer mehr davon in den Tank, nähme der Hunger in der Welt zu. Dieses Grundproblem lässt sich zuspitzen auf die Frage: „Tank oder Teller?"

*Frühstück ohne Margarine?*

Gut, und was ist jetzt mit meiner Lieblingsmargarine? Oder mit vegetarischen Brotaufstrichen? Schwer zu sagen.

Fakt ist, dass der Nahrungsmittelkonzern Unilever, der bekannte Margarinenmarken[9] führt, Anteilseigner eines afrikanischen Unternehmens (PALMCI) ist, welches in der République de Côte d'Ivoire neue Palmölanbaugebiete schaffen will. Der Tanoé-Wald, letztes zusammenhängendes Waldgebiet in der Region, ist deshalb akut bedroht. Noch schlimmer: Eine vollständige Rodung ist angesichts der genehmigten Plantagenflächen wahrscheinlich. Und Unilever gehört zu den Verantwortlichen.

---

7 *Faltblatt des IKW (2008): Fakten zur Verwendung von Palm(kern)ölen in Wasch-, Pflege- und Reinigungsmitteln in Deutschland*

8 *Einige BioherstellerInnen verzichten auf Palmöl.*

9 *Genannt seien* Rama *und* Becel

Gleichzeitig ist Margarine ein Produkt, das aus dem Alltag vieler Menschen nicht wegzudenken ist. Trotz Bemühungen[10] liegen mir keine Daten vor, die erklären, auf welche Wirtschaftszweige sich der Palmölverbrauch prozentual verteilt.

Ob und wie problematisch der Konsum von Margarine ist – das kann ich nicht beantworten. Ich gehe aber davon aus, dass die Bedrohung tropischen Regenwalds auf die Treibstoff-Problematik zurückzuführen ist, und nicht auf Brotaufstriche.

Wer dennoch ein schlechtes Gefühl bei der Sache hat, kann auf Margarinen zurückgreifen, die ohne oder mit einem geringen Anteil an Palmkernfett hergestellt werden. Oder Aufstriche auf Sonnenölbasis konsumieren.[11] Wo Bestandteile von Ölpalmen notwendig oder gewünscht sind – Produkte aus kontrolliert-biologischer Herstellung und fairem Handel wählen. Margarine und intakter Regenwald: Das muss sich nicht widersprechen!

**Weniger wäre besser**

Dass Palmöl im heutigen Maßstab nachhaltig erzeugt werden kann, ist wahrscheinlich ein „Ökomärchen"[12] – und zwar völlig unabhängig davon, ob Regenwälder für Treibstoffe, Waschmittel oder Margarine fallen.

Daraus muss nicht vollständiger Verzicht abgeleitet werden. Eine sozial und ökologisch verträgliche Palmölproduktion ist möglich. Allerdings in einem niedrigerem Umfang

---

10  Mehrere Herstelleranfragen blieben unbeantwortet.
11  Die verwendeten Sonnenblumenkerne sollten aus regionalem Anbau stammen.
12  So Peter Gerhardt in einer Pressemitteilung von Robin Wood, nachzulesen unter: www.robinwood.de/german/presse/090717.htm

als heute. Berechnungen der Naturschutzorganisation WWF gehen davon aus, dass 50 % der Palmölproduktion bis 2012 auf Nachhaltigkeit umgestellt werden könnten.[13]

Was allerdings „verträglich" ist, müssen die entscheiden können, die von den Folgen der Palmölproduktion direkt betroffen sind. Das setzt nicht Konsumverzicht, sondern andere soziale Verhältnisse voraus. Entsprechende politische Forderung wären: Rückgabe enteigneter Landgebiete, Ernährungssouveränität, keine neuen Monokulturen. Und nach Möglichkeit eine ökologische Umgestaltung bestehender Plantagen.

**Und was folgt aus all dem?**

Die Zusammenhänge von Palmöl und Umweltzerstörung waren mir neu. Meine eigene Uninformiertheit hat mich erschreckt. Vielleicht geht es anderen damit ähnlich. Daher ist Öffentlichkeitsarbeit nötig, um die Folgen dieses Wirtschaftszweiges bekannt zu machen.

Veränderungen im eigenen Konsumverhalten sind möglich, aber in der Wirkung begrenzt. Vielleicht könnten Produkte wie Eiskonfekt ohne Palmöl hergestellt werden? Die Frage ist, unter welchen Bedingungen das wahrscheinlich ist.

Augenblicklich wird sehr viel Energie aufgewendet, damit die Verhältnisse bleiben, wie sie sind. Damit diese Energie in die Entwicklung ökologisch besserer Produkte wandert, müssten sich langfristig die Regeln dieser Gesellschaft ändern. Weg von Profitlogik und Eigentum, hin zu Kooperation und gleichberechtigten Nutzungsmöglichkeiten.[14]

So oder so bedarf es des Willens, es anders zu machen – persönlich wie gesellschaftlich. Die Regenwälder und ihre BewohnerInnen würden sich freuen.

[sp]

---

13  Hanno Charisius: *Das Wohlfühl-Zertifikat*. In: *Süddeutsche Zeitung*, 22.11.2008

14  Anregungen zur aufgeworfenen Frage: Gruppe Gegenbilder (Hrsg.) (2005): *Autonomie und Kooperation*. SeitenHieb Verlag

## Ode an die Banane

Oh Banane!
Du herrliche Frucht
Geh mir aus den Augen
Sonst wirst du zur Sucht.

Oh Banane!
Du afrikanischer Schatz
Viel würd' ich bezahlen,
In meinem Magen ist Platz.

Oh Banane!
Nirgends so gut
Wie in südlicher Heimat
Gereift in Sonnenglut.

Oh Banane!
Wie konnt' es passier'n?
Den Geschmack, Deine Süße
Will ich nie mehr verlier'n.

[fb]

## *Musa paradisiaca*: Meine wilden Abenteuer

Mein offizieller Titel ist *Musa paradisiaca sarpientum*. „Paradisiaca" – Ihr hört schon, worauf das hindeutet. Ich komme aus dem Paradies und verkörpere es zum Teil. Aber ich will mich nicht selbst loben, Ihr wollt die Geschichte meiner Reise hören.

Vor Hunderten von Jahren lebte ich auf den Inseln im südostasiatischen Raum. Es war einsam, aber friedlich. Dann kamen nette Menschen zu Besuch und ich beschloss, mit ihnen auf eine lange Reise zu gehen. Ich war damals noch grün hinter den Ohren. Das war der Beginn meiner Abenteuer, aus denen ich schlauer und weiser hervorgehen sollte.

Zunächst fuhren wir mit einfachen Booten bis nach Madagaskar. Seht einmal auf die Karte! Madagaskar ist eine große Insel im Osten von Afrika. Übrigens, mein Freund, der *Oryza sativa*, siedelte mit mir dorthin. Von Madagaskar aus unternahm ich allein Streifzüge in die entlegensten Winkel Afrikas. Ich war jung, wild und fruchtbar. So hinterließ ich zahlreiche Töchter und Söhne auf diesem Kontinent. In Westafrika erhielt ich meinen Spitznamen – „banana". Der hat sich über die ganze Welt rumgesprochen – kaum noch einer nennt mich beim offiziellen Titel.

Meine Reise ging weiter. Spanier hatten mich „entdeckt" und trugen mich über viel Wasser auf die Kanarischen Inseln und später sogar bis nach Amerika! Im Norden blieb ich nicht lange. Das war mir viel zu kalt. Also richtete ich mich in Äquatornähe ein, dort ist es kuschelig warm. Das ganze Jahr.

Um 1500 kamen Menschen auf die Idee, mich zu klonen. Sie fanden mich offenbar so toll, dass sie mehr von mir haben wollten. Und da ich inzwischen aufgrund fortgeschrittenen Alters nicht mehr fruchtbar war, mussten sie Ableger oder sogenannte „Kindel" von mir nehmen. So wurde eine riesige Zwillingsfamilie in Panama sesshaft. Plantagen nannte man das, wo wir wohnten. Ich muss sagen, eine Weile war es ganz nett. Nicht so allein wie damals auf den südostasiatischen Inseln. Aber immer mit Klonen zu reden, nichts anderes zu sehen als sich selbst wie in einem Spiegelkabinett, das ist auf die Dauer langweilig.

Ein paar Hundert Jahre musste ich diese Situation ertragen. Meine Früchte wurden in die ganze Welt verschickt. Ich wurde zum Frühstück für die Welt, zum kleinen Zwischendurchsnack und zur Sportlernahrung. Damals war ich noch größer und wohlschmeckender als heute.

Dann, 1960, geschah endlich wieder etwas: In Panama, dort, wo damals die ersten großen Monokulturen von mir entstanden, wurde ich von einer Krankheit heimgesucht – die Panama-Krankheit. Niemand konnte sie heilen, und so mussten die Menschen und ich lange rätseln, um einen Ausweg zu finden. Ich musste mich verändern. Denn da wir in Panama alle dieselben Gene hatten, waren wir alle ähnlich anfällig.

Meine Veränderung bewirkte, dass ich etwas kleiner und nicht mehr ganz so fruchtig war. Ich war auch empfindlicher gegenüber Druck. Meine Früchte werden seitdem in Kartons verschickt. Zunächst war ich jedoch sicher vor der Krankheit.

Doch heute ist mir klar, dass ich, wohnhaft in Monokulturen und mit lauter Zwillingsgeschwistern, dem Feind nicht entfliehen kann. Die Panamakrankheit hat mich trotz der äußerlichen Veränderung wiedergefunden. In ein paar Jahren oder wenigen Jahrzehnten kann ich vielleicht nie wieder auf Plantagen wachsen.

Dann werden sich die dicken US-AmerikanerInnen und MitteleuropäerInnen aber wundern, wie viel eine „banana" plötzlich wert sein kann! Das ist ihnen derzeit nicht klar, sie wollen alles nur billig, billig, billig. Dabei schmecke ich so weit im Norden nicht mal richtig gut. Ich werde unreif verschickt und bin nur von blassem Gelb, wenn ich dort in den nördlichen „Supermärkten" liege.

Ich werde nun allmählich Abstand von den Reisen und Abenteuern nehmen und mich zur Ruhe setzen. Vielleicht ziehe ich zu meinen alten Tanten und Geschwistern in Afrika und Asien.
Da gibt es in Afrika die Kochbanane *Musa paradisiaca normalis*. So sah ich früher auch aus. Grün bis rot. Damals musste man mich vor dem Essen erhitzen – kochen, backen, grillen. Kombiniert mit einer leichten Erdnusssoße bin ich unwiderstehlich gewesen ... Na ja, das überlasse ich nun den Jüngeren.

Vielleicht ziehe ich auch nach Asien. Dort werden meine essbaren Blüten als Gemüse verwendet. Interessant!

Oder ich ziehe zu einer ganz alten Verwandten, zur Tante Abacá. Diese *Musa textilis* oder Faserbanane könnte allerdings schon schwerhörig oder senil sein. Ihre langen, dürren Manilafasern dienen als Material für Netze oder Stricke in Indonesien.

Ach, ich habe etwa 50 bis 100 Verwandte. Wie soll ich mich da entscheiden? Eins ist sicher – zu den aufgetakelten Nichten und Neffen „Zierbananen" in Japan und Europa will ich nicht ziehen. Sie malen sich Blätter und Früchte grellrot an und können noch nicht mal essbare Früchte hervorbringen. Ungenießbar, sage ich Euch!

Wozu habe ich denn sonst das ganze Vitamin A und C und Magnesium und Kalium und Eisen und den Zucker hineingetan? Meine goldgelben Früchte – von der Sonne beim Wachsen magisch angezogen und so nach oben gekrümmt – wollen ernähren, verzaubern, Kraft geben!

Ausbeuten lasse ich mich deshalb nicht mehr. Man sieht ja, wohin das nach Hunderten von Jahren führt – Krankheit und Stress. Lieber irgendwo in Ruhe, in einem friedlichen Wald hin und wieder mit einigen Verwandten reden, als in einer Armee von Klonen strammstehen zu müssen. Da gibt es keine Wertschätzung meiner Individualität mehr!

Vielleicht kann ich eines Tages in meinen alten Wald nach Hause zurückkehren und man wird mich aus aller Welt bereisen und bestaunen. Die Menschen werden schon sehen, dass ich das einzige Gold dieser Welt bin, das man tatsächlich essen kann! [fb]

# Lachse – Delikatesse für einen hohen Preis

Er ist ein Wanderer, im Laufe seines Lebens legt er Tausende von Kilometern zurück: Der Atlantische Lachs. In seiner Jugend schwimmt er den weiten Weg ins Meer zurück. Im Ozean verweilt er schnell wachsend in Nahrungsgründen, um dann den beschwerlichen, für etwa 90 Prozent der Tiere nicht zu bewältigenden Rückweg in die Heimatgewässer anzutreten.

Der Lachs ist ein Fisch mit einer faszinierenden Lebensgeschichte, ein kleines Wunder der Natur. Leider weist er eine weitere Eigenschaft auf, die ihn zu einem Favoriten auf dem Teller macht: Lachsfleisch gilt als wohlschmeckende Delikatesse.

> **Nur ein Beispiel**
>
> Der Lachs ist ein „Nutztier"[1] unter vielen anderen. Dass er an dieser Stelle herausgegriffen wurde, ist mehr oder weniger willkürlich. Wir hätten auch über die grausigen Sitten der Schweinemast, über den Trennungsschmerz der Milchkühe von ihren Kälbern berichten können. Der Punkt ist: Das haben andere bereits zur Genüge getan.
>
> Hier nur der Hinweis, dass die Nutzung tierischer Produkte nicht allein ein ethisches Problem darstellt, sondern oftmals auch ein ökologisches Desaster ist. Wer sich pflanzlich ernährt, setzt Primärenergie um und benötigt nur etwa ein Siebtel der Energie, die notwendig ist, um Fleischprodukte zu erzeugen. Eine Kuh frisst so viel Getreide, dass sich sieben Menschen von dem Getreide genauso lange ernähren könnten, wie ein Mensch von ihrem Fleisch. Ähnlich schlechte Energiebilanzen finden sich für alle tierischen Produkte, wie z.B. auch Milch und Eier.
>
> Der Kauf tierischer Produkte unterstützt fast immer auch den Transport von Unmengen Getreide und Soja um den halben Erdball: So dienen etwa zwei Drittel des Weltgetreides der Ernährung von sogenannten „Nutztieren", wobei das Getreide meist aus sogenannten armen Ländern importiert wird, in denen Menschen nicht genug Nahrungsmittel zur Verfügung stehen.

---

1 Der Begriff „Nutztier" wird in Anführungszeichen gesetzt, um deutlich zu machen, dass Kategorien wie z.B. Nutz- oder Pelztiere keine natürlichen Eigenschaften von Tieren sind, sondern willkürlich nach menschlichen Nutzinteressen gebildete Gruppen beschreiben.

Die moderne Aquakultur hat einen entscheidenden Anteil daran, dass Lachsprodukte den VerbraucherInnen zu günstigen Preisen zur Verfügung stehen.

**Aquafarming – Massentierhaltung im Wasser**

„Aquakultur"[2] umschreibt grob die großindustrielle Fischzucht. Während die Teichwirtschaft und Karpfenzucht auf eine jahrhundertelange Entwicklung zurückblickt, ist die Aquakultur der Raubfische wie Lachse eher eine spontane Geschäftsidee als ein nachhaltiges Wirtschaften.

Als das Aussterben der Lachse durch den großangelegten Fischfang bevorstand, ging man dazu über, junge Lachse in Becken oder Tanks zu züchten und heranzuziehen, um die Erträge wieder zu erhöhen.

Lachsfarmen konnten sich erst mit der Entwicklung der Hochseefangflotten etablieren, da erst diese genügend Fische fingen, welche zu Fischmehl verarbeitet den Lachsen als Futter dienen konnten. Um ein Kilogramm Lachsfleisch zu „erzeugen", sind bis zu sieben Kilogramm Seefische zur Aufzucht des Lachses notwendig.

Für die Haltung der Lachse auf Farmen gibt es zwei Alternativen:

Entweder werden die Junglachse, welche sich darauf vorbereiten, vom Süßwasser auf das Salzwasser umzusatteln, in Becken im Binnenland gehalten. Hier wird durch allmähliche Zugabe von Kochsalz das Wasser umgesalzt.

Oder aber, wie es in Norwegen, Kanada und Schweden die Regel ist, die Junglachse werden vom Zuchtbetrieb in Offshore-Anlagen transportiert. Diese Offshore-Anlagen bestehen aus mehreren, meist achteckigen Netzgehegen, welche in den Strömungen der Fjorde liegen.

Die Offshore-Anlagen haben den wirtschaftlichen Vorteil, dass man sich um die Wasserzufuhr und -reinigung nicht kümmern muss, man ein geringeres Gewicht Fischmehl zufüttern muss, da die Lachse aus dem Meer Nährstoffe zu sich nehmen. Bei genauerem Hinsehen ist diese Form der Haltung ein Mosaik ökologischer Desaster:

---

*2  angelehnt an den englischen Begriff „Agriculture" (= Landwirtschaft)*

- Nicht selten entkommen Tiere und gelangen in die freie Wildbahn, schließen sich den heimischen Lachsen an. Nicht weiter schlimm, falls es sich nicht beispielsweise um transgene Lachse handelt, wie sie in weiten Teilen der Welt eingesetzt werden. Diese Tiere besitzen Gene der Amerikanischen Winterflunder und sind damit resistenter gegen Kälte, was den Betreibern der Anlagen ermöglicht, auch weit im Norden Norwegens oder Kanadas noch Lachsfarmen aufzubauen.
- Das Fischmehl sinkt oft viel zu schnell, nachdem es in die Netzgehege geworfen wurde. Dies hat zur Folge, dass die Lachse sich auf der Hatz nach dem Futter im unteren Teil der Netze erdrücken, aber auch, dass die Fjorde mit dem eiweißreichen Fischmehl überdüngt werden.

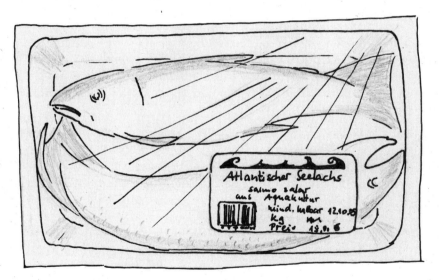

- Wie in der Intensivtierhaltung an Land, so erfolgt auch in den Lachsfarmen eine großzügige Zugabe von Antibiotika, bei der niemand garantieren kann, dass nur die Lachse innerhalb der Netze diese aufnehmen.
- Große Teile der Farmlachse sind mit Seeläusen infiziert, die sich bei dermaßen hohen Fischdichten nur allzu leicht von Lachs zu Lachs übertragen. Teilweise resistente Krankheitserreger übertragen sich auf diese Art in hohem Ausmaß auf vorüberziehende Wildlachse.

- Robben, Kormorane und Reiher haben längst die Vorteile der Aquakultur entdeckt. Robben ziehen sich einfach ihr Mittagessen durch die mit chemischen Mitteln gegen Muscheln und Algen behandelten Netze. Dabei gelangen zum einen Antibiotika in die Robbenkörper, zum anderen drängen die Lachse auf ihrer Flucht wiederum nach unten, wo sie Artgenossen erdrücken. Um die Robben abzuwehren, wurden vielerorts Schallwaffen installiert, die den Robben schmerzhaft in den Ohren klingen und sie damit vom Lachs fernhalten sollten. Allerdings wurden die Robben gewaltig unterschätzt: Für die Robben klangen Schallwaffen nun wie der Gong zum Essen und sie brauchten nur ihren Ohren zu folgen. Als Resultat sind viele Robben ertaubt, die Schallwaffen haben ihren Zweck verloren. Dafür sorgten sie für eine großräumige Vergrämung von Walen in den betreffenden Gebieten.

Beide Formen von Aquakultur – Offshore-Anlagen oder Binnenland-Becken – erzeugen bei Besatzdichten von teilweise mehr als 70 Kilogramm Fisch pro Kubikmeter Unmengen verschmutzter Abwässer.

Die rosa Farbe des Lachsfleisches erhalten Farmlachse übrigens nicht – wie das bei Wildlachs der Fall ist – durch Aufnahme kleiner Krebse und Garnelen, welche das rote Pigment Astaxanthin enthalten, sondern durch Zugabe eines im Labor hergestellten Analogons, also eines chemisch identisch wirkenden Stoffes.

### Vision von ökologischer Aquakultur

Um mit der Landwirtschaft kommerziell mitziehen zu können, sollten vor einiger Zeit auch in der Wasserwirtschaft Möglichkeiten für ökologische bzw. Bio-Erzeugung entwickelt werden. So schrieben sich die Bio-Lachsanbieter strengere Richtlinien auf die Fahne: Die Besatzdichten von „nur" 10 Kilogramm pro Kubikmeter seien ökologischer und tiergerechter, man gäbe nicht grundlos Antibiotika, das Fischmehl zur Fütterung der Lachse stamme nicht aus Gammelfischerei[3], sondern aus Resten der Speisefischverarbeitung.

---

*3 Großangelegter Fang von Fisch, der ausschließlich zum Zweck der Fischmehlverarbeitung gefangen wird. Da hierbei auch Jungfische abgefischt werden, zerstört die Gammelfischerei die natürliche Nahrungspyramide der Meere.*

> **Biologie des Atlantischen Lachses (*Salmo salar*)**
>
> Nachdem ein Lachs aus dem Ei geschlüpft ist, verbringt er etwa ein bis sechs Jahre als sogenannter „Parr" bodennah im Süßwasser. Dann folgt der Übergang in eine neue Lebensphase: Der Fisch verändert sich morphologisch – sein Erscheinungsbild wechselt von dunklerem Graugrün zu einer silbernen Färbung, er entfernt sich zunehmend vom Boden und beginnt mit der Strömung ins Meer zu wandern. Man bezeichnet die Lachse während dieser Phase als „Smolts". Im Meer angekommen, nimmt die Wachstumsgeschwindigkeit der Lachse stark zu und sie wandern für ein bis vier Jahre zwischen verschiedenen marinen Nahrungsgründen, bis schließlich aus den Smolts die adulten (ausgewachsenen) Lachse geworden sind.
>
> Diese Adulten wandern jährlich zurück in ihr Heimatgewässer, um dort zu laichen. Freilanduntersuchungen haben gezeigt, dass für dieses erstaunliche Verhalten (immerhin wandern sie über Tausende von Kilometern zurück) der Geruchssinn der Lachse von entscheidender Bedeutung ist.
>
> Während der Wanderung in die Laichgewässer nehmen die Lachse im Süßwasser keine Nahrung auf, so dass sie nach dem Laichvorgang stark entkräftet sind. Sie sterben in großer Zahl oder werden zur leichten Beute von Vögeln oder Säugern. Diejenigen allerdings, die die Wanderung zurück ins Meer schaffen, können noch ein bis zwei Jahre laichen.

Die Öko-Richtlinien sind willkürlich gesetzt, wirken eher wie die Grenzen des noch Praktikablen und wirtschaftlich Tragbaren als die Folgen des Nachdenkens über ökologisch sinnvolle Produktionsabläufe. Dass ein Lachs womöglich ein Tier ist, das unmöglich „ökologisch" zu züchten und heranzuziehen ist, diese Frage ist nicht erörtert worden.

Man kommt nicht umhin: Auch Ökolachse verzehren raue Mengen anderer Fische, auch sie verbrauchen viel Wasser, benötigen diverse künstliche Aufzuchthilfen und stellen hohe Anforderungen an die Zuchtanlagen.

Die Intensivhaltung von Lachsen ist immer Raubbau an den Weltmeeren. Ökologisch erzeugte Lachse gibt es nur in freier Natur – und davon zu wenige, um den Markt komplett bedienen zu können.

## Wildlachs – ökologischer, aber nicht ökologisch

Aus Umweltschutzaspekten heraus wäre dem Fang von Wildlachs daher eigentlich der Vorrang zu geben. Bezieht man die Unersättlichkeit der Menschen in die Überlegung mit ein, so stellt sich jedoch sofort wieder das Problem, wie man aus der Natur genug Lachse erhält, ohne sie vollends auszurotten. Einen Versuch stellt das vor einigen Jahren eingeführte MSC-Siegel[4] dar, welches vergeben wird, wenn die Fische nicht aus erschöpften oder überfischten Gewässern stammen. Allerdings wird es auch vergeben, wenn die Bestände zwar überfischt sind, jedoch auf dem Papier ein Erholungsprogramm für das Fanggebiet existiert.

Lachse ökologisch zu fangen, ist auch aufgrund der Biologie der Lachse nahezu unmöglich: Die Lachseltern erzeugen eine große Menge Nachwuchs, von denen nur weniger als 10 Prozent in einigen Jahren die Heimat wiedersehen. Wird an den „falschen" Stellen gefischt, kann es sein, dass auch noch dieses Zehntel abgefangen wird und die Population auf wackeligen Beinen hinterlassen wird.

Generell erscheint es nicht ökologisch sinnvoll, Lebewesen aus dem oberen Teil der Nahrungspyramide zur Ernährung heranzuziehen. Und die Lachse als Raubfische finden sich nun einmal dort.

Bei den Dumpingpreisen für Lachsfleisch müssen FischerInnen

---

4  *MSC steht für „Marine Stewardship Council", eine 1997 gegründete Organisation, die nach bestimmten eigenen Kriterien ein Siegel zur Kennzeichnung von Produkten aus „nachhaltiger" Fischerei vergibt. Informationen unter* http://de.wikipedia.org/wiki/Marine_Stewardship_Council

schon eine Menge Wildlachse fangen, um mit den Preisen der AquafarmerInnen nur einigermaßen mithalten zu können.

**Schlecht geeignete Lebensmittel**

Während das Aquafarming den Bedürfnissen der Lachse nach Wanderungen, Schwimmen gegen die Strömung und Jagen nicht gerecht werden kann, so ist auch das Fangen von Wildlachs keine tierschutzgerechte Alternative:

Das junge und so lange abgewehrte Wissen um das Schmerzempfinden bei Fischen zeigt uns nun, dass sowohl das Fangen mit der Angel – Fische sind um ihre Lippen so empfindlich wie wir an den Augen – , als auch das Fangen in Netzen, bei denen die Tiere zu großen Teilen durch schmerzhaftes und qualvolles Erdrücken oder Ersticken umkommen, nicht den Anforderungen an tierschutzgerechtes Töten entsprechen.

Wen auch diese Argumente noch nicht davor zurückschrecken lassen, Lachs zu verzehren, dem sei gesagt, dass auch der Lachs nicht davor gefeit ist, all die Giftstoffe und Schwermetalle der verschmutzten Meere aufzunehmen und in sich anzusammeln. Lachsfleisch mag manchen gut schmecken und doch sind Lachse denkbar schlecht geeignete Lebensmittel.

[fb & thomas]

*Holländische Nordseeküste*

**Nordsee in Marokko**

Das Wasser des schmelzenden Eises spült die letzten Salzreste vom rötlichen Panzer der Nordseekrabbe, die aus der Kiste fiel und nun im Hof des Fabrikgeländes liegt. Zwischen verrosteten Nägeln und getrocknetem Benzin, bei 40°C unter marokkanischer Sonne.

Sie gehört nicht zur A-Ware, zu den größeren und frischeren Krabben, mit denen die Pulerinnen doppelt so viel pro Kilo verdienen können wie mit ihr, der kleinen gefrorenen. Sie wird nun langsam vertrocknen und entgeht den Konservierungsmitteln, der Zitronen- und Benzoesäure und dem Salz. Sie wird nicht bei 16°C im Inneren der Fabrik von Frauen in weißen Kitteln, mit Mundschutz und Hauben aus ihrem Panzer gepult, und dann zurück ins ostfriesische Fischerdorf Greetsiel transportiert, wo sie abfällig „Marokkofleisch" genannt werden würde. [T.W.]

*Tarifa an der marokkanischen Atlantikküste*

## Autoschrott für Afrika

„Die Deutschen sind komisch", grübelt er und schüttelt den Kopf, „jetzt kriegen die Leute auch noch Geld dafür, dass sie sich ein neues Auto kaufen und ihr altes verschrotten." Er denkt an das Auto, das er einem gerissenen Schrotthändler vor ein paar Tagen für einen guten Preis abgekauft hat und blickt dabei aus dem Fenster der fahrenden S-Bahn über die schlafende Stadt. In seinem Rucksack trägt er eine Thermoskanne mit Tee, den er sich am frühen Morgen aufgegossen hat, als seine Frau noch schlief. Er wird ihn brauchen an diesem kalten Wintertag, an dem die Sonne gar nicht aufgehen will. Genau wie die Handschuhe, denn das Blech der Autos ist kalt.

Doch heute ist er nicht zu seinem eigenen Auto unterwegs. Das hätte Zeit gehabt. Aber Luc hatte gebettelt und gedrängelt. Am Montag soll der Transport nach Hamburg gehen. Und Lucs Auto soll mit, aber es ist zu schwer. Das hatte er ihm doch gleich gesagt:

„Du hast es zu voll gepackt, Luc. Wenn ich es noch einmal öffnen muss, kostet das was extra!"

Schließlich hat er Erfahrung. Er wird gerufen, wenn die Autos für den Transport blockiert werden sollen. Wenn Türen und Kofferraumklappe so verschlossen werden müssen, dass niemand sie ohne passenden Schlüssel öffnen kann. Selbst dann nicht, wenn die Scheiben eingeschlagen und an der Verriegelung gezogen wird.

Immer wieder hatte sein Handy geklingelt und Lucs Nummer war erschienen. Da hatte er schließlich nachgegeben. Obwohl heute Weihnachtsfeiertag ist, und obwohl seine Frau damit gar nicht einverstanden war.

Der Eingang zum Autopark scheint wie die Pforte zu einem anderen Land. Hier ist alles anders. Die Gerüche sind nicht die Gerüche der Stadt, in der er seit sechs Jahren lebt, sondern erinnern ihn an die Gerüche seiner fernen Heimat. Leere Blechbüchsen und Tetrapacks, alte Autoreifen und verrostete Blechteile liegen herum, zwischen Brennnesseln und Spitzwegerich, die sich ihren Weg vorbei am Kopfsteinpflaster gebahnt haben. Von irgendwoher tönt blechernes Hämmern auf Metall. Über allem liegt der Geruch verbrannten billigen Benzins. Im Zickzack weicht er großen trüben Pfützen aus.
„Salut".
„Salut. Comment ça va?"
Mit Handschlag begrüßt er Ahmed, den Besitzer des Autoplatzes, der eine Zigarette rauchend vor dem kleinen, weiß gestrichenen Häuschen steht, was mal ein Schuppen war. Sie kennen sich gut und unterhalten sich in der Sprache, die einstmals von den Kolonialisten über den ganzen afrikanischen Kontinent verbreitet wurde.

„Hast du Luc gesehen?", fragt er ihn. „Ich bin mit ihm verabredet."
„Ja, er ist schon da. Da hinten.", antwortet Ahmed und weist über den Platz mit den verbeulten Autowracks ohne Nummernschilder, die dicht aneinandergedrängt herumstehen und auf ihre Abreise warten.
Die meisten von ihnen werden mit dem Schiff die weite Reise nach Westafrika antreten.
Der Autoblockierer schiebt sich zwischen den Autos entlang.

Hinten stehen sie so eng beieinander, dass er einen großen Schritt über eine Motorhaube machen muss. Hier beschwert sich niemand über einen Kratzer. Die Zeit hat ohnehin ihre Spuren an den Autos hinterlassen. Manch eines hat gesprungene Scheiben, andere schauen einäugig aus nur einem Scheinwerfer.
„Salut, Luc!"
„Salut. Schön, dass du gekommen bist."
Sie reichen sich die Hand zum Gruß, der mit einem schnalzenden Fingerschnipser endet. Luc ist fast einen Kopf kleiner als der Autoblockierer und viel dunkler, obwohl ihre Heimat dieselbe ist. Sie gehören zwar nicht dem gleichen Volk an, kommen aber aus benachbarten Dörfern. Das verbindet.
„Lass uns gleich loslegen. Ich habe nicht viel Zeit. Hast du die Autoschlüssel?"
Luc, der verlegen am Scheinwerfer seines Autos herumgekratzt hat, kramt in seiner Jackentasche.
„Hier ist der Schlüssel."
Der Autoblockierer packt Werkzeug aus seinem Rucksack aus, legt es klirrend auf dem Boden ab, hockt sich vor das Schloss der Fahrertür und beginnt, daran herumzubasteln.
‚Ist eine ganz schöne Rostlaube, die Luc da gekauft hat', sinnt er vor sich hin, ‚einen Katalysator hat dieser Wagen nie gesehen.' Er denkt an die neuen Verkehrszeichen mit den roten, grünen und gelben Kreisen, die nur die sauberen Autos in die Innenstadt lassen sollen. Ganz anders die Städte seiner Heimat: Dick und angefüllt ist die Luft mit Auspuffgasen. Sie stinken, beißen in Nase und Rachen. Ob es der kleinen Tochter seiner Schwester Heléné wieder gut geht? Er hat Geld schicken müssen für teure Medikamente gegen ihren bösen Husten. Schwarzen Schleim hat sie gespuckt.
„Luc, es ist offen. Lass uns den Teppich rausnehmen, damit wir besser rankommen."
„Nein, nein", Luc wedelt mit seinen hellen Handflächen in der Luft: „Es reicht, wenn wir ihn beiseite schieben. Ich werde den Kühlschrank rausnehmen".
Sie machen sich an dem alten abgewetzten Teppich zu schaffen.
„Warum nimmst du nicht den Kopierer raus? Das reicht, um das Gewicht einzuhalten", fragte der Autoblockierer.
„Mein Bruder braucht ihn. Er will ihn in seinem Telefon-Shop

aufstellen. Das bringt zusätzliches Geld."

„Funktioniert der überhaupt?" Mit gerunzelter Stirn schaut der Autoblockierer zu Luc.

„Mein Bruder kriegt den schon wieder hin", wehrt Luc kopfschüttelnd ab.

„Na dann, also raus mit dem Kühlschrank."

Entschlossen packen sie den Kühlschrank an und wuchten ihn über das Fließheck an die Luft.

Der Autoblockierer beginnt, die Dinge im Auto umzupacken.

Letztens hat er den Bruder seiner Frau auf einen Recyclinghof begleitet. In den Containern dort sah es aus, wie hier in Lucs Auto.

„Hol dir von Ahmed die Sackkarre und bring den Kühlschrank in den Schuppen. Ich mache das Auto wieder zu.", dirigiert der Autoblockierer und greift sich die Innenverkleidung der Fahrertür, um sie wieder anzubauen.

„Wo hast du das eigentlich gelernt?", fragt Luc.

„Als ich noch zur Schule ging, habe ich bei meinem Onkel in der Autowerkstatt gearbeitet. Jeden Tag nach der Schule. Und in den Ferien", antwortet der Autoblockierer.

Während er sich mit einem Schraubenzieher in der Hand neben das Auto kniet, schweifen seine Gedanken in ferne Zeiten zurück.

Er erinnert sich an ein Erlebnis. Sie hatten gerade zu dritt einen Motor komplett auseinander genommen. Mit ihrer vor Schweiß glänzenden schwarzen Haut mit dem öligen Motor in der Sonne auf der roten Erde vor der Werkstatt sitzend, ruhten sie sich gerade ein wenig aus, als drei weiße Touristen mit Rucksäcken vorbeikamen. Sie wollten fotografieren. Lachend, aber auch stolz hatten sie sich in Pose gestellt.

Dann zeigten die Touristen auf die Bretterbude, die über und über behangen war mit Schlangen aus zerschnittenen Autoreifen. Radebrechend fragten sie, was man damit mache.

„Verkaufen", antwortete der Onkel stolz und legte sich eine Gummischlange auf die ausgebreiteten Unterarme. Mit der Antwort waren die Touristen nicht zufrieden. Sie konnten sich nicht genug verständigen, um ihnen zu erklären, dass die Leute die Gummischlangen benutzen, um ihre Ladung auf Karren oder Autos festzuschnüren, sie als Federung unter ihre Sofas spannen oder Sandalen daraus basteln. Damals, als sie noch im Dorf wohnten, dicht bei den Maisfeldern, da hatte auch er solche Sandalen besessen.

Er sieht sich selbst, wie er als Kind mit Freunden in einem der ausgedienten Autowracks spielt. Im hohen afrikanischen Gras unter einer Bananenpalme war es gelandet. So, wie diese Autos hier alle einmal enden werden. Er denkt an die vom Rost zerfressenen Skelette, die in seiner Heimat Tierkadavern gleich die Straßenränder säumen oder während der Regenzeit zwischen den Wohnhäusern langsam mit Gras zuwuchern.

Er erinnert sich, wie er immer vor dem Wohnhaus auf seinen Vater gewartet hatte. Einmal sah er ihn von Ferne in seinem blau gemüsterten knöchellangen Gewand und mit aufrechtem Gang daherkommen, jedoch plötzlich an den Straßenrand abbiegen. Beim Wasserlassen im hohen Gras musste dem Vater dann ein Gedanke aufgeblitzt sein. Neben ihm, gleich an der Steinmauer, die den Blick auf das dahinter liegende Grundstück verbarg, rostete das Wrack eines alten Lkw's vor sich hin. Er raffte sein Gewand, kletterte hinein und bastelte lange darin herum. Lachend kam er wieder herausgestiegen und winkte ihm mit dem Teil einer Getriebestange zu. Genau die hatte er für sein eigenes Auto gebraucht.

Das Klingeln seines Handys reißt den Autoblockierer aus seinen Gedanken. Er reibt seine klammen Hände an den Jeans, damit er die Tasten bedienen kann.
„Oui, hallo!"
„Hallo Schatz, wann kommst du? Du weißt, wir sind bei meinen Eltern zum Essen eingeladen!"
„Ja, ich weiß. Ich bin gleich fertig. In einer halben Stunde bin ich da."
„Beeil dich bitte und sei ausnahmsweise mal pünktlich. Mein Vater holt uns mit dem Auto ab. Er freut sich über jede Gelegenheit, mit seinem neuen Mazda fahren zu können."

> Jährlich werden mehr als 3 Millionen Pkw in Deutschland stillgelegt. Doch nur etwa ½ Million wird in Deutschland auch verschrottet.
>
> Nach offiziellen Angaben gehen vom Hamburger Hafen jährlich 100.000 bis 130.000 gebrauchte Autos nach Westafrika.
>
> Der Versand außerhalb der EU ist nur dann meldepflichtig, falls die Sendung einen Warenwert von mehr als 1.000,- € (ersatzweise mehr als 1.000 kg) aufweist.
>
> Wichtigste Importländer für Gebraucht-Pkw aus Deutschland sind Nigeria, Niger, Benin, Togo und Ghana. Dorthin gehen 70 % der Exporte.
>
> Durchschnittswert eines Export-Gebrauchtwagens:
> Export Amerika: 28.600,- €      Export Frankreich: 16.500,- €
> Export Europa: 13.700,- €       Export Asien: 12.200,- €
> Export Afrika: 2.500,- €        Export Nigeria: 1.000,- €
>
> Jedes Export-Gebrauchtauto mit Ziel Westafrika ist vollgestopft mit Elektroschrott bis obenhin. Elektroschrott, der hier als Sondermüll zu entsorgen wäre.

[Carola]

## Der Müll mit der Menstruation

Wegwerfbinden und -tampons sind die am häufigsten verwendeten und wohl bekanntesten Menstruationshygieneartikel. Sie sind in Supermärkten, Apotheken und Drogerien erhältlich sowie als Werbung in Zeitschriften, Fernsehen und auf Plakaten präsent. Dort werden sie oft als sauber, sicher, praktisch und diskret angepriesen. Dass es noch andere praxistaugliche Hygieneartikel gibt, ist vielen nicht bekannt. Von der Menarche, der ersten Monatsblutung, bis zur Menopause, der letzten Blutung, verwendet eine Menstruierende etwa 10.000 Tampons und/oder Binden.[1]

Um sich zu fragen, woher die Rohstoffe für Tampons und Binden kommen, muss mensch wissen, woraus sie eigentlich bestehen. Meine Produktanfragen bei ein paar in Deutschland vertretenen Tampon- und Bindenfirmen sowie Internetrecherchen ergaben: Konventionelle Tampons bestehen hauptsächlich aus gepresster Viskosewatte, mittlerweile nur noch selten oder nur in kleineren Anteilen aus Baumwollwatte, Binden bestehen aus Zellstoff. Zusätzlich sind Binden und Tampons mit einer Plastikschicht, die z.B. aus Polypropylen oder Polyethylen besteht, umgeben. Manche Binden enthalten auch saugfähiges Plastikgranulat.

**Die Rohstoffe**

Viskose wird durch verschiedene chemische Prozesse aus Zellstoff hergestellt. Zellstoff wiederum wird aus Industrierestholz hergestellt, welches z.B. bei der Möbelindustrie anfällt. Es ist nicht klar, wo genau das Holz herkommt. Es kann sowohl von Buchen und Fichten als auch von Pinien, Eukalyptus und anderen Baumarten stammen.

Baumwolle gilt als das Agrarprodukt mit dem höchsten Einsatz an Düngemitteln und Insektiziden. Auch der Wasserverbrauch, der durch die Bewässerung der Anbauflächen entsteht, ist enorm hoch. China, die USA, Indien und Pakistan sind die Länder mit dem größten Weltmarktanteil in der Baumwollproduktion – zusammen rund 60 %. Der Anteil an gentechnisch veränderter

---

[1] bei 4 Hygieneprodukten pro Tag x 6 Blutungstagen x 12mal im Jahr x 35 Jahre von der ersten bis zur letzten Blutung = 10.080 Menstruationshygieneprodukte

Baumwolle liegt in China bei 60 %, in den USA bei 79 % und ist weltweit steigend. Der Bio-Baumwollanteil auf dem Weltmarkt liegt derzeit bei 0,1 %.

Kunststoffe wie Polypropylen und Polyethylen werden aus Erdöl gewonnen und sind so gut wie nicht kaputtzukriegen, daher werden aus Polypropylen auch Sachen hergestellt, die möglichst nicht so einfach verrotten sollen, wie z.B. Kabelummantelungen, Rohrleitungen oder Seile.

Erdöl wird weltweit über weite Entfernungen transportiert. Der Transport von den Förderstätten zu den Verbrauchern geschieht auf dem Seeweg mit Öltankern, über Land überwiegend mittels Rohrleitungen (Pipelines). Mit der Ölförderung sind immer wieder katastrophale Folgen für die Umwelt verbunden. Beispielsweise, wenn eine Ölquelle sich entzündet oder wenn Strände und große Meeresflächen durch ein Tankerunglück mit einem schwarzen Teppich überzogen werden.

**Umweltverträglichkeit**

Konventionelle Binden und Tampons sind Einwegprodukte und landen nach ihrer Benutzung im Müll (oder in der Toilette, wo sie die häufigste Verstopfungsursache darstellen). Jährlich gelangen Unmengen an Wegwerfmonatshygieneartikeln auf Deponien oder in Müllverbrennungsanlagen. Bei der Verbrennung entsteht Kohlendioxid, das den Treibhauseffekt weiter verstärkt.

Wegwerfprodukte erzeugen schon allein deshalb einen hohen Energieverbrauch, weil

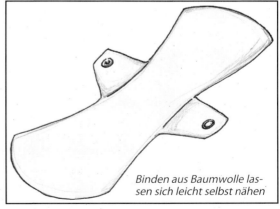

*Binden aus Baumwolle lassen sich leicht selbst nähen*

sie nicht wiederverwendbar sind. Zur Herstellung sind ständig neue Rohstoffe wie Holz, Baumwolle und Erdöl für die Kunststoffe erforderlich und für die einzelnen Verarbeitungsschritte werden wiederum Chemikalien z.B. zum Aufschließen des Holzes zu Zellstoff, zum Bleichen des Zellstoffs oder zur Viskoseherstellung benötigt.

**Gesundheitliche Aspekte**

Für Tampons und Binden gelten die gesetzlichen Grenzwerte für Hygienepapiere, die auch für Kosmetik- oder Taschentücher gelten. Anders als diese sind Tampons oder Binden aber über Stunden in engem Kontakt mit dem Körper und sollten daher eigentlich eher wie Lebensmittel oder andere Produkte, die längere Zeit im oder am Körper verbleiben, eingestuft werden.

In verschiedenen Tamponmarken waren bei Tests Chemikalien wie das als krebserregend geltende Formaldehyd sowie andere halogenorganische Verbindungen nachweisbar, die laut Herstellern Rückstände des Bleichprozesses sind.[2]

Bis aus den Rohstoffen einmal Tampons oder Binden werden, unterlaufen diese vielen verschiedenen chemischen Behandlungen, bei denen kleine Mengen an Chemikalien in den Endprodukten verbleiben und so mit dem Körper in Kontakt kommen können. Die Benutzung von Tampons birgt ein geringes Risiko einer Erkrankung am Toxischen Schocksyndrom (TSS), das durch Bakterien ausgelöst werden kann, welche einen guten Nährboden in dem im Tampon aufgefangenen Blut finden.

**Und die Alternativen?**

Es gibt Wegwerfbinden und -tampons, die aus Bio-Baumwolle bestehen. Sie sind in Bioläden erhältlich. Allerdings gibt es auch unter den Bio-Binden und -Tampons Herstellungsfirmen, die Kunststoffe z.B. als Verpackung für die Tampons verwenden. Und auch ein Bio-Wegwerfprodukt ist eigentlich nicht wirklich ökologisch.

Außerdem gibt es verschiedene wiederverwendbare Menstruationshygieneartikel. Ähnlich wie Tampons funktionieren Naturschwämme, die aber nach Gebrauch ausgespült und wiederverwendet werden. Sie sind 4-6 Monate verwendbar, danach lösen sie sich auf. Die Schwämme werden aus Korallen, Tieren die auf dem Meeresgrund in Riffen leben, hergestellt und damit nicht für VegetarierInnen und VeganerInnen geeignet.

Der sogenannte menstrual cup (Menstruationstasse) ist ein aus

---

2   Angabe nach Ökotest Jahrbuch 2008

Gummi oder Silikon bestehender kleiner Becher. Er wird in die Scheide eingesetzt, wo er das Menstruationsblut auffängt. Richtig eingesetzt ist er nicht spürbar. Nach spätestens 8-12 Stunden soll er entnommen, entleert und ausgespült werden und kann danach wieder eingesetzt werden. Am Anfang der Menstruation sollte der Becher in kochendem Wasser sterilisiert werden. Die Becher sind laut Herstellern bis zu 10 Jahre verwendbar, was den im Vergleich hohen Anschaffungswert von rund 15-30 € ausgleicht.

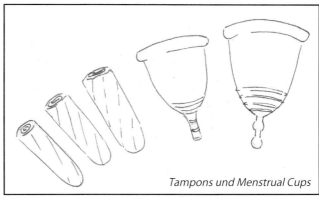

*Tampons und Menstrual Cups*

Wiederverwendbare Monatsbinden bestehen aus Baumwolle, Hanf oder Seide. Sie können nach Benutzung einfach in der Waschmaschine gewaschen und wiederverwendet werden. Mit ein wenig Aufwand kann mensch sich auch selbst Binden nähen und an seine Bedürfnisse anpassen.

Menstruationsbecher und Stoffbinden sind in Deutschland in Apotheken, über Online-Versand sowie in manchen Bioläden und Frauengesundheitszentren auf Bestellung erhältlich.

[kim]

# Silvesterknaller & Co

Was vor Hunderten von Jahren als alter Brauch gegen böse Geister begann, ist in den letzten Jahren und Jahrzehnten von der ursprünglichen Idee abgekommen und eskaliert:
Jedes Jahr wird viel Geld dafür ausgegeben, an Silvester einen mörderischen Krach zu veranstalten, der alte Menschen an den Krieg erinnert, so manches kleine Kind verstört und viele nichtmenschliche Tiere zum Zittern bringt.
Ein uninteressantes Thema, weil es nicht alltagsrelevant ist? Nein. Ich finde die geschätzten 100 Millionen ausgegebenen Euro pro Jahreswechsel in Deutschland ganz und gar nicht uninteressant.[1] Hört man sich um, so geben Knallerfreudige im Schnitt zwischen 10 und 100 Euro für Feuerwerkskörper aus. Gerade, weil es keiner großartigen Veränderung bedarf, plädiere ich an dieser Stelle für starke Einschränkungen, wenn nicht sogar für kompletten Verzicht.
Diese Kritik soll nicht die gesamten Festlichkeiten des Jahreswechsels in Frage stellen. Feiern kann gut tun und Lebensfreude fördern. Aber die riesigen Mengen eingesetzter Feuerwerke, seien es Raketen, Tischfeuerwerke oder andere Chemie-Cocktails, nehmen überhand, ohne dass sich die meisten der genauen Herstellungsbedingungen und Folgen bewusst wären. Und ob die nervenaufreibenden Böller zu Silvester unbedingt dazugehören müssen?

**Warum böllern?**

Das Böllern entstammt dem uralten Brauch, zum neuen Jahr die bösen Geister zu vertreiben. Nur, dass die wenigsten, die diesem Brauch frönen, es wirklich noch tun, weil sie an böse Geister glauben. Eine Freundin von mir zündet an Silvester rituell ganze fünf Knaller gegen Mitternacht – um damit symbolisch die Geister zu vertreiben. Dagegen ist nichts einzuwenden.
Aber wenn ich mir ansehe, wer das Böllern ganz besonders nötig hat – und zwar Tage vor und nach dem Jahreswechsel, dann fühle ich mich in die Rangelei um das größte Auto versetzt. Einer cooler als der andere. Böller so spät wie möglich wegwerfen, auf

---

1 *„Brot statt Böller?", GEOlino,* www.geo.de

PassantInnen zielen und Briefkästen kaputtsprengen – das ist angesagt. Ich will damit sicher nicht den Spaß an Festen verderben. Aber vielleicht kann man ja auch anders Spaß haben?
Es mag Phasen im Leben geben, in denen man solchen Unsinn einfach macht. An dieser Stelle kann ich gestehen, dass ich in meinen Teenie-Jahren nicht enthaltsam war, was Böller anging – von der vorschriftsmäßigen Verwendung mal abgesehen. Aber es sind nicht nur die jungen Pubertierenden, die ich mit riesenhaften Böllern hantieren sehe. Es sind augenscheinlich viele erwachsene Menschen, die stockbesoffen herumziehen oder Kriegsspielchen erfinden. Es kann nichts anderes sein, wenn sich die Menschen hinter Autos verstecken und aus dem Hinterhalt zielen, auf die gegenüberliegende Straßenseite mit Böllern werfen, weil das plötzlich die „Feinde" sind. Mir vermittelt das das Gefühl einer Kompensation der alltäglichen Langeweile. Ich stelle mir vor, wie dieselben Menschen tagein, tagaus auf einem Bürostühlchen hinter einem Monitor hocken und zahm Anrufe entgegennehmen.
Böllern an Silvester scheint für manche notwendig geworden, um den tristen Alltag ertragen zu können.
Schade, dass die Unzufriedenheit mit dem eigenen Leben auf diese Art und Weise ihr kurzfristiges Ventil findet.

**Folgen für die Gesundheit**

Der Lärm der Feuerwerkskörper stresst alte Menschen, Kriegsflüchtlinge, aber auch Kleinkinder und Tiere. Viele Menschen, ob sie nun selbst einen Krieg erlebt haben oder nicht, fühlen sich in Kriegsszenarien versetzt. Das laute Böllern klingt für sie wie das Fallen feindlicher Bomben, wie Schießereien an der Front. Erlebte Traumen werden an Silvester wieder hervorgeholt und möglicherweise verstärkt. Auch so manchem kleinen Kind, das noch viel bessere Ohren hat als die Menschen um ihn herum, ist die Knallerei unheimlich. Und unzählige Haustiere kommen nur mit chemischen Beruhigungsmitteln durch die Nacht. Hunde gehen zum Teil schon tagelang vor der eigentlichen Silvesternacht nicht mehr aus dem Haus oder brechen in Panik aus.

Doch nicht nur der Lärm der Böller hat Folgen: Feuerwerke setzen einen ganzen „Cocktail an chemischen Substanzen frei"[2]. Besonders Kleinkinder und Asthmatiker sind gefährdet, selbst durch Wunderkerzen und Bleigießen. Wunderkerzen bestehen aus Bariumnitrat, Eisenspänen und Aluminiumpulver, die Vergiftungserscheinungen hervorrufen können, sollten die Kleinkinder die Kerzen doch einmal in den Mund stecken. Folgen sind Erbrechen, Schwindelgefühl, leichte Krämpfe und Lähmungserscheinungen. Beim Abbrennen entstehen bedenklich hohe Werte von Stickoxiden, auf die nicht nur Kleinkinder mit Reizungen der Atemwege und Schleimhäute reagieren, sondern auch Asthmatiker. Beim Erhitzen des Bleis fürs jährliche Orakeln gelangen

2  *Silvester – kein Knaller für die Gesundheit, Ratgeber Wellness und Gesundheit*, 18.12.2007

Bleioxide in den Körper, die sich anreichern. Und kaum jemand denkt daran, dass Blei als Sondermüll entsorgt werden muss.

Laut Umweltbundesamt ist die Feinstaubbelastung in den Städten nach der Knallerei so hoch wie an keinem anderen Tag. In der Zeit von 0 bis 1 Uhr werden etwa 4.000 Mikrogramm Feinstaub durch die Luft geschleudert, sonst sind es in den Großstädten im Schnitt 30 bis 40 Mikrogramm.[3] So schädigen Silvesterknaller die Atemwege und belasten das Herz-Kreislauf-System.

**Unfälle und Brände**

Während sich die Manager von Feuerwerksindustrien die Hände reiben, kommt es jedes Jahr zu schweren Unfällen, die hauptsächlich Minderjährige betreffen. Abgerissene Finger, kaputte Augen und Verbrennungen sind die häufigsten Folgen.[4]

Unfälle und Brände im Zusammenhang mit Feuerwerkszeug erfordern in der Silvesternacht etliche Mehreinsätze bei Feuerwehr und Hilfsorganisationen. Das Deutsche Rote Kreuz musste im vergangenen Jahr allein Unter den Linden in Berlin 230 Menschen behandeln.[5] Das sind zwar weniger als in den Vorjahren, aber immer noch unnötig viele. 533 Brände und 1647 Feuerwehreinsätze in Berlin sprechen gegen die privaten Kokeleien.[6]

**Müll**

Einen genauen Überblick über die Menge des anfallenden Silvestermülls zu bekommen, ist kaum möglich. 500 Kilogramm Feuerwerkskörper wurden von professionellen Pyrotechnikern im Tiergarten entzündet.[7]

Allein in der ersten Schicht des neuen Jahres haben 550 MitarbeiterInnen der Berliner Stadtreinigung 120 Tonnen mehr Müll als in den Vorjahren beseitigt. Genaue Zahlen lagen noch nicht vor, aber 300 Tonnen Müll sind üblich für Silvester in Berlin. Dabei handelt es sich natürlich nicht ausschließlich um Silvesterknaller

---

3   *„Viel Feinstaub an Silvester", Berliner Morgenpost Newsticker am 27.12.2007*
4   *Ute Seier-Maltz, „Silvesterknallerei", Coordination et Information en Faveur des Animaux Martyrs*
5   *Mehr Müll, weniger Verletzte, Neues Deutschland am 2.1.2008*
6   *Gleiche Quelle wie 5*
7   *Berliner Morgenpost, 2.1.2008*

und Raketen. Es liegen auch Flaschen herum, die zum Abschießen der Raketen dienten und der übliche „Party-Müll".

## Herstellung

Auch die schön anzusehenden Schauspiele haben einen hohen Preis. Die Raketen sind gefüllt mit Chemie. Als Brennstoffe dienen Magnesium und Titan, Oxidationsmittel und weitere Zusätze für die jeweiligen Effekte. Um das Ganze farbig zu gestalten, benötigt die Mischung Kupfersalz für Blau, Natrium für Gelb, Strontiumsalze für Rot und Bariumsalze für grüne Raketenschweife.[8] Irgendjemand muss die Feuerwerkskörper zusammenbasteln – und das passiert nicht gerade unter strengen Sicherheitsvorkehrungen.

Dass China-Böller nicht umsonst Chinaböller heißen, liegt nahe. China gilt als größter Feuerwerksproduzent der Welt, gefolgt von Indien, Peru, Guatemala und El Salvador.[9] Die Herstellung der Waren erfolgt unter nicht menschenwürdigeren Bedingungen als die anderer Waren, nur die Gefahren sind ein Stück größer. Kinderarbeit stützt den größten Teil der Produktion, in Indien sind 20 % der ArbeiterInnen minderjährig. Die Produktion in China erfolgt vornehmlich in Heimarbeit, die nicht kontrolliert wird. Für eine Tagesleistung von 10.000 Zündschnüren erhalten die Kinder etwa 50 Cent.[10] In Indien werden die Kinder mit Bussen zu den Fabriken gefahren, wo ein bis zu 18 Stunden langer Arbeitstag auf sie wartet. Dafür erhalten sie 28 bis 62 Cent pro Tag, je nach Lizenz der Fabriken und auch nach Geschlecht.[11]

## Mein Wunsch für den nächsten Jahreswechsel:

Niemandem soll der Spaß an Silvester verdorben werden. Aber mindestens die Böller haben so gut wie keinen positiven Nutzen. Meine Meinung: Einfach komplett verzichten, nicht mehr und nicht weniger. Es gibt Traditionen, die sind veraltet und unnötig. Die Silvesterknallerei gehört dazu.

---

8   *Johannes Mayer (13.12.2006): „Wie gefährlich sind Silvesterknaller?" mit Heidrun Fink, Beitrag bei OZON, Rundfunk Berlin Brandenburg*
9   *Die Feuerwerksproduktion verursacht Kinderleid, 27.12. 2006, Jugend Eine Welt, Don Bosco Aktion Österreich, www.jugendeinewelt.at*
10   *Gleiche Quelle wie 9*
11   *Gleiche Quelle wie 9*

Auch die Feuerwerke und Raketen sind mit Fokus auf die Produktionsweise bedenklich. Wer selbst auf Raketen und optisch ästhetische Feuerwerke verzichtet, kann die Feuerwerke anderer genießen, ohne sich in Gefahr zu bringen. In Städten gibt es genug öffentliche Feuerwerke, die man besuchen kann. Andernorts ist das schon lange die übliche Art und Weise, Silvester zu feiern. In Paris ist man mit Wunderkerzen in der Hand schon ein Exot. Feuerwerk gibt es hier nicht zu kaufen.
Statt mit Blei könnte mit Kerzenwachs orakelt werden, wie es in Russland Brauch ist. Wunderkerzen sollten nur draußen abgebrannt werden. Es geht nicht darum, die Handlungen einzuschränken. Es gibt Tausend andere Sachen, die man sich für Silvesterfeiern einfallen lassen kann.

---

**Silvester andernorts**

In **Sydney** gibt es lediglich ein großes öffentliches Feuerwerk. Auch in den **USA** ist das Knallern in den meisten Staaten verboten, aber die örtliche Polizei veranstaltet zentrale Feuerwerke. Silvesterfeuer statt Feuerwerk kann man in der **Schweiz** erleben. Die **Argentinier** zerschreddern alte Unterlagen und Papiere und werfen die entstandenen Schnipsel feierlich aus dem Fenster. Und in **Japan** erklingen zum Jahreswechsel Glockenschläge.

---

[fb]

# Kaffee – eine Liebeserklärung

*Die Sonne hat einen schmalen Spalt zwischen den Vorhängen genutzt und ist ins Zimmer gekrochen, um mich in der Nase zu kitzeln. Zu früh am Morgen, ich will weiterschlafen. Ich döse vor mich hin, bis ... ja, bis in der Wohnung dieser Geruch verströmt wird. Es ist der anregendste Duft, den ich mir vorstellen kann. Hab ich jemals jemanden mehr geliebt als ihn – den Kaffee am Morgen?*
*Dies ist eine Liebeserklärung an das freche Früchtchen in Schwarz.*

Die Geschichte besagt, dass zuerst ein paar Ziegen in den Genuss von Kaffeebohnen gelangten. Ein Hirte aus Äthiopien beobachtete Ziegen, die Früchte eines bestimmten Strauches fraßen und daraufhin die ganze Nacht munter umhersprangen. Er klagte sein Leid einem benachbarten Mönchskloster. Die Mönche, die der Sache nachgingen, experimentierten bald selbst mit den dunklen Kernen der roten Früchte – und fortan sah man sie munter des Nachts miteinander plauschen, bei einem Aufguss des schwarzen Gebräus.

Ob Wahrheit oder Legende – schon vor dem 9. Jahrhundert wurde im äthiopischen Hochland Kaffee gegessen und getrunken.

*Von einer lieben Hand wird mir ein Tässchen Kaffee ans morgendliche Bett gereicht. Ich funktioniere nicht ohne diese Tasse. Dabei ist es weniger die physiologische Wirkung des Koffeins. Es ist mehr die Psyche, das Ritual. Lohnt ein Morgen ohne eine Tasse Kaffee?*

Kaffee eroberte im 15. Jahrhundert von Äthiopien aus die Welt. Persien, das Osmanische Reich, Mekka, Syrien, Kleinasien. Kaffeehäuser entstanden und wurden abgerissen. Kaffee wurde getrunken und verboten, verboten und trotzdem getrunken. Menschen wurden verfolgt, getötet, verurteilt. Alles wegen eines Getränks, das aus einer kleinen gerösteten schwarzen Bohne gewonnen wurde.

*Ich sauge den Duft auf, der aus der heißen Tasse aufsteigt. Der Geruch enttäuscht oft den Geschmack von Kaffee. Nur selten schmeckt der Kaffee so gut wie er riecht. Bitter. Das ist die herbe Enttäuschung für alle, die ihn zum ersten Mal genießen. „Bittere Medizin" fällt mir ein. Aber ein Inbegriff von Medizin ist Kaffee nun wirklich nicht. Eher von Sünde, Leidenschaft und durchtanzter Nacht.*

Georg Franz Kolschitzky war Pole, der als Spion im Krieg gegen das Osmanische Reich in türkische Gesellschaft geraten war und so das Getränk „Kaweh" kennenlernte. Als er zurückkehrte, stellte er fest, dass die Türken auf ihrem Rückzug aus Wien 500 Säcke Kaffee zurückgelassen hatten. 500 Säcke! Nur Kolschitzky wusste um den ökonomischen und kulinarischen Wert dieser Säcke. So gründete er das erste Kaffeehaus in Wien im Jahr 1683. Verdünnt mit Milch und Zucker versuchte er die skeptischen Wiener von dem sündhaften Getränk zu überzeugen. Es dauerte noch. Man hörte Lieder wie:

> „C-A-F-F-E-E, trink nicht so viel Kaffee,
> nicht für Kinder ist der Türkentrank,
> macht Dich müde, macht dich blass und krank
> C-A-F-F-E-E, trink nicht so viel Kaffee!"

*‚C-A-F-F-E-E' … summe ich vor mich hin. Wie oft habe ich dieses Lied beim Trinken einer Tasse Kaffee gesungen? Das hatte sich Carl Gottlieb Hering so sicher nicht vorgestellt. Während ich summe, denke ich*

*an die neuen Studien zu Kaffee. Noch vor 10 Jahren war man davon überzeugt, Kaffee schade der Gesundheit enorm. Heute lese ich das Gegenteil: Kaffee verringert das Krebsrisiko, Kaffee entwässert nicht, Kaffee wirkt sich langfristig nicht negativ auf Herz und Kreislauf aus. Vielleicht sollte ich noch ein Tässchen trinken? Ich bin munter genug, um mir selbst eines in der Küche aufzubrühen …*

Als es der Kaffee endlich in die gehobene europäische Gesellschaft geschafft hatte, wurde er auch schon für unedlere Zwecke benutzt. Unter Friedrich dem Großen wurde der private Handel mit Kaffee verboten, damit der Staat sich die inzwischen hohen Einkünfte sichern konnte. Aus dem kleinen Handel von äthiopischer in türkische und von türkischer in europäische Hand wurde ein Welthandel. Doch auch der Schmuggel mit Kaffee blühte auf. Als das private Rösten von Kaffee verboten wurde, stellte der Staat „Kaffeeriecher" ein: Französische Soldaten, die angeblich feinere Nasen hatten, sollten erriechen, wo es illegale Kaffeeröstereien gab.

*Ein Griff in den Kühlschrank. Dort muss Kaffee aufbewahrt werden, um den Duft zu behalten. Nur „Unwissende" lassen Kaffee lose in der Küchenzeile in einem halbdurchlässigen Glas zu einem schalen Pulver verkommen. Ich öffne die Tüte, der Duft kriecht heraus und klettert mir in die Nase, in den Kopf. Zwei, drei Löffel in die Kanne. „French Press" ist meine bevorzugte Zubereitungsart. Dabei wird der Kaffee mit kochendem Wasser aufgegossen und hinterher drückt ein Metallfilter die Bohnenreste herunter. In der Werbung macht das ein Schimpanse vor. Aber ich kann das auch. Kaffee aus Kaffeemaschinen schmeckt lange nicht so gut. Kaffee „türkisch" ist auf Dauer nicht magenschonend. Am besten ist Espresso, doch dafür bin ich zu faul.*

Für besonders grausam hielt sich der schwedische König Gustav III. Er wollte beweisen, dass Kaffee ein giftiges Getränk sei. Deshalb begnadigte er zwei zum Tode verurteilte Gefangene unter der Bedingung, dass einer täglich Tee, der andere täglich Kaffee trinken sollte. Es wird erzählt, dass die Häftlinge sowohl König als auch den überwachenden Arzt bei bester Gesundheit überlebten.

*Gedankenverloren greife ich die Kanne mit dem heißen Kaffee und verbrenne mir prompt die Hand. Wie vielen passiert in genau diesem*

*Augenblick dasselbe? Wie viele Menschen mögen sich schon am Kaffee verbrannt haben?*

Heinrich Eduard Jacob berichtete schon 1934 vom weltwirtschaftlichen „Unsinn", Kaffee in Brasilien zu verbrennen, um seinen Wert zu erhalten. Er beschreibt, warum es aus Welthandelssicht logisch ist, lieber weniger Kaffee für viel Geld zu exportieren. Und er schließt er mit dem Ausruf eines Piloten, der sich über die Kaffeeverbrennung echauffiert: „Das mag alles höchst vernünftig sein, was die Professoren da lehren! Und obendrein ist es saudumm … Allzuklug macht dumm!"

Was Jacob nur nebenbei erwähnt, ist die Tatsache, dass schon zuvor riesige Flächen des Regenwalds verbrannt wurden, um der wählerischen Kaffeepflanze Platz an tropischen Berghängen zu gewährleisten.

*Meine verbrannte Hand schmerzt und ich halte sie unter fließend kaltes Wasser. Ich verkneife mir eine Schmerzensträne. Kaffee und Tränen – ein sonderbares Gespann. Es heißt, Kaffee ließe Tränen trocknen. Wer traurig sei und nicht aufhören könne zu weinen, der solle Kaffee trinken. Das sagt ein altes Großmutterrezept.*

*Dabei scheint es umgekehrt: Viele Tränen liefen Wangen hinab, um gutsituierte Europäerinnen und Europäer wie mich mit einer Tasse Kaffee zufriedenzustellen. Doch die Tränen fielen selten auf Europas Boden.*

Erst im 18. Jahrhundert wanderte der Kaffeehandel aus

türkischer und arabischer Hand in die gierigen Griffe der Kolonialmächte. Kaffee wurde nun auch in Südamerika, Indonesien, in afrikanischen Kolonien und auf „eroberten Inseln" angebaut. Für die Arbeit auf den Plantagen benötigte man Arbeiter, am billigsten waren Sklaven. Ausgang des 18. Jahrhunderts wurden lediglich für die Zuckerproduktion mehr Sklaven benötigt. Mitte des 19. Jahrhunderts gingen zwei Drittel des Sklavenimports von Afrika nach Amerika aufs Konto brasilianischer Kaffeehändler.
Die Sklaverei wurde nur langsam abgeschafft – ein Boykott gegen Zucker aus Sklavenarbeit führte zum Verbot von Sklavenarbeit im Auftrag der Briten.
Großenteils wurde Sklaverei durch Zwangsarbeit abgelöst, die sklavereiähnliche Züge trug und trägt. Erst langsam wandeln sich die Verhältnisse zugunsten von Kleinbauern.

*Ich lege meine CD „Musik zum Kaffee" ein. Klänge aus Guatemala, Äthiopien, Brasilien hüllen mich in das Aroma von Kaffeegeruch. Die CD ist von Melitta, das „exotische" Flair von Kaffee ist gewollt. Von „mittelamerikanischem Temperament" lese ich auf der Hülle und frage mich, ob es soetwas wirklich gibt.*
*Aber es funktioniert: Kaffee ist für mich mehr. Mehr als ein Getränk. Mehr als eine Frucht. Es ist Lebensstil, Kultur, Ritual. Wenn ich in Ruhe einen Kaffee trinke, dann tauche ich ab in eine sinnliche Welt, mal in die wärmende Sonne Afrikas, die ich vermisse. Mal in die feurigen Metropolen Südamerikas, die ich mir jedenfalls so vorstelle, denn ich war niemals da.*

Kaffee ist ein Kolonialprodukt, das noch heute als solches wirkt: In Holland wird gern indonesischer Kaffee getrunken, Franzosen bevorzugen noch immer Robusta-Kaffee aus Westafrika und die Deutschen trinken statistisch am liebsten ostafrikanischen Kaffee. Aber in den Produktionsländern wird – mit Ausnahme von Brasilien und Äthiopien – Kaffee eigentlich gar nicht oder nur wenig getrunken.
Es ist ein Getränk voll von immateriellen Werten. Wer in Europa Kaffee verkauft, verkauft auch seine Geschichte und das Aroma, die Atmosphäre, die in einem Kaffeehaus entsteht. Die Kaffeebauern bekommen kein Geld für die Geschichten. Sie erhalten nur das Geld für die Bohnen.
Es gibt viele unterschiedliche Sorten von Kaffee. Es gibt Ro-

busta- und Arabica-Bohnen, die den größten Teil am Weltmarkt ausmachen. Robusta hat doppelt so viel Koffein wie Arabica, aber dafür nicht das Aroma. Beide haben es von Afrika aus in die ganze Welt geschafft. Südamerika, Mittelamerika, Asien. In Vietnam hat man eigene Vorstellungen von Kaffeegeschmack. Dort werden deshalb Kaffeemischungen angeboten, die nussiger schmecken, als wir es von Kaffee erwarten würden. Nur in speziellen asiatischen Läden sind diese Sorten zu erhalten. Und wer hat nicht schon von der seltensten, aber abenteuerlichen indonesischen Kaffeesorte Kopi Luwak gehört, bei der die Bohnen zunächst den Darmtrakt der Luwak-Katze durchlaufen, um dann mit dem Kot aufgesammelt zu werden?

Kaffees und ihre Zubereitungsarten sind so vielfältig wie Kleidung. Jede Region hat ihre Stile und Eigenheiten. Es ist spannend, sich mit der Kaffeekultur anderer Landstriche, Kontinente zu befassen, neue Rezepte und Ideen auszuprobieren.

Dabei sollte nur nicht vergessen werden zu hinterfragen, ob die Geschichten, die sich um Kaffee spezieller Regionen ranken, wirklich dort entstanden oder aber in Europa selbst – zugunsten einer Mystifizierung des Produkts.

*Während ich den Klängen der CD lausche, stelle ich fest, dass mein Kaffeepulver sich schon wieder dem Ende zuneigt. Mist! Irgendwer muss den doch heimlich mittrinken.*

*Es hilft nichts, eine neue Packung Kaffee wird wieder ein kleines Loch in die Haushaltskasse reißen. „Bio" und „Fair Trade" steht auf meiner angebrochenen Packung Kaffee. Es ist teurer Kaffee. Kaffee ist die Ware, für die ich am meisten Geld ausgebe. Kaffee muss teuer sein, denn ich weiß nur zu gut, wofür ich bezahle. Ich zucke mit den Achseln.*

Kaffee ist ein Strauch, der im Schatten großer Bäume aufwächst. Um höhere Erträge zu erzielen, wurden Kaffeesträucher zunehmend in Monokulturen angebaut. Bäume wurden gerodet. Die Folgen für die ökologische Zusammensetzung der entwaldeten Flächen waren groß. Die Artenzahl sank rapide, der Boden erodierte, der Einsatz von Herbiziden und Pestiziden wurde notwendig, die Wasserspeicher des Bodens leerten sich. Es wird geschätzt, dass für eine Tasse Kaffee 140 Liter „virtuelles Wasser" notwendig sind. Wer sich dafür entscheidet, ökologisch anzubauen, muss mit höheren Kosten rechnen: Bäume müssen zwischen die Sträucher gepflanzt werden, ein Teil der Ernte geht verloren, da der Pestizideinsatz verboten ist und die Sträucher müssen vereinzelter stehen, womit mehr Fläche für dieselbe Anzahl an Pflanzen notwendig ist.

Ökologischer bzw. Bio-Kaffee schützt nicht an erster Stelle die VerbraucherInnen. Durch das Rösten werden die Pestizide zerstört. Es ist ein Zugeständnis an die ArbeiterInnen, die ohne Pestizide ein vielfach gesünderes, wahrscheinlich auch längeres Leben führen können.

Nur die Äthiopier lachen über das Bio-Siegel: Sie sagen stolz, dass ihr Kaffee sowieso ökologisch sei. Weil hier hauptsächlich auf die ursprüngliche Art und Weise angebaut wird, lohnen sich Pestizide nicht und sind gar nicht notwendig. Über 10 Prozent des Kaffees aus Äthiopien kommen aus Sammlungen wilder Kaffeekirschen.

*Immer wieder mache ich Ansätze, meinen Kaffeekonsum einzuschränken. Aber wie das bei Drogen so ist, finde ich Ausreden und Rechtfertigungen, warum es heute doch notwendig ist. Was mir bleibt, ist die Wertschätzung.*

*Esoterisch? Vielleicht schon, denn was mag es den Kaffeebauern nützen, wenn ich mit Wertschätzung über Kaffee nachdenke. Aber ich vermute, es macht etwas mit mir, wenn ich Kaffee nicht achtlos in mich hineinstürze, sondern ihn genieße, ihn begreife, ihn zu einem Stück Lebensqualität werden lasse. Dass ich Kaffee trinken darf, ist ein Privileg für mich.*

*Kaffee ist mehr als ein Getränk. Kaffee hat eine lange, verdammt harte Geschichte zu erzählen. Kaffee kann Kulturen verbinden. Eine kleine dunkle Bohne hat es geschafft, mich zu erobern. Das ist eine Liebeserklärung.*

[fb]

# *Rückkehr*

## Handy-Boom *oder* „Sie hätten nie erfunden werden sollen!"

Julia ging die Straße entlang, als Gregor sie von weitem entdeckte. Julia tippte auf einem Handy herum und hörte nicht, dass Gregor ihren Namen rief. Gregor fasste sie vorsichtig an die Schulter. Julia fuhr herum:
„Huch, Gregor! Hast du mich erschreckt!"
Gregor grinste: „Du hast mich nicht gehört, ich hab dich drei Mal gerufen."
„Echt?", zweifelte Julia.
Gregor deutete auf das Gerät in ihren Händen: „Seit wann hast du ein Handy, ich dachte immer, du willst keins?"
„Äh, das ...", Julia wedelte mit dem Handy in der Luft. „Ach so, ja, wollte ich ja auch nicht. Coltan, Bauxitabbau, Kinderarbeit ... und dann noch die Scheißverstrahlung der gesamten Umwelt. Handys sind einfach widerlich!"
Sie gingen nebeneinander die Straße entlang, Gregor steckte die Hände in die Hosentaschen, da der erste Herbstfrost sie gerötet hatte.
„Dafür, dass du sie widerlich findest, hast du sehr intensiv getippt. Wie kommt's denn?"
Julia zuckte mit den Achseln.
„Ach, schwer zu erklären. Meine Mama setzt mir schon lange zu. Ich soll mir eins anschaffen, damit sie sich keine Sorgen machen muss. Und jetzt mein alter Hund. Ich war ein paar Mal mit ihm spazieren und dann konnte er nicht mehr weiter und auch nicht mehr zurück. Ich hätte nicht gewusst, wie ich nach Hause hätte kommen sollen, wenn ich nicht einen Freund meines Bruders getroffen hätte, dessen Handy ich benutzen durfte ..."
Sie schaute beim Gehen zu Boden. „Und so hab ich mich durchgerungen. Auch so für Notfälle und so. Da ist es schon ganz gut."
Gregor lachte. „Die SMS sah aber nicht nach Notfall aus?!"
„Man, wenn ich es doch jetzt eh schon hab."
Julia wirkte geknickt. Gregor nahm eine Hand aus der Hosentasche und hakte sich bei Julia unter. Sie blieben an einer roten Ampel stehen, und Gregor sagte: „Julia, du hast doch recht. Handys sind für so was super." Es wurde Grün und sie gingen.

„Die Frage ist doch nur die Abwägung: Ist ein alter Hund hier wichtiger als die Kinder in Indien … oder sonst wo … Und es ist schade, dass es so eine Abwägung geben muss. Dass es nicht einfach korrekte Handys gibt. Oder?"
Julia murmelte: „Ich hab's ja gebraucht gekauft. Für das Handy ist also keine Kinderarbeit zusätzlich geleistet worden. Ich bin quasi auf'n fahrenden Zug aufgesprungen. Aber … schwer zu sagen … natürlich steht mein Hund mir näher als Kinder in Indien, die ich nicht kenne."
Sie dachte nach. „Hab ich dir eigentlich erzählt, wie mein Opa das sieht: ‚Ist doch gut, dass in Indien Kinder so was machen dürfen. Dann lungern sie nicht auf der Straße rum und können zur Versorgung ihrer Familien beitragen.'"
„Was? Echt?", fragte Gregor.
„Echt! Und dieser Opa hält sich für links. Er findet es völlig akzeptabel, dass Kinder arbeiten."
Eine Gruppe von Kindern überflutete den Gehweg. Sie mussten einen Moment anhalten, um sie vorbeizulassen. Gregor und Julia sahen ihnen nach.
Gregor setzte an: „Na ja, vielleicht … vielleicht ist ja wirklich etwas dran. Vielleicht sind die Familien wirklich jetzt im Moment glücklich, dass sie diese Möglichkeit haben. Vielleicht könnten sie ohne Kinderarbeit gar nicht überleben."

Julia sah Gregor an: „Das glaubst du ja wohl selbst nicht, oder?"
Gregor zögerte. „Ich bin halt nicht sicher, ob nicht vieles überdramatisiert wird. Und ich hab keine Ahnung. Von Weltwirtschaft schon gar nicht. Irgendwas muss sich ändern, das ist schon klar. Aber im Moment ist vielleicht wirklich was dran."
Julia trat einen Stein vom Gehweg. Der Stein hüpfte aufgeregt davon und überquerte zügig die Straße.
„Ach, diese Scheißhandys hätten nie erfunden werden sollen."
Als Reaktion darauf piepte ihr Handy kurz und teilte ihr mit, dass sie eine SMS bekommen hätte.
„Nein", entschied Gregor. „Sag so was nicht. Handys haben schon viele Menschenleben gerettet. Sie haben einfach Vorteile. Und wenn das nicht so wäre, hättest du dich nicht dafür entschieden."
„Ja, aber die Vorteile sehe ich ja erst jetzt, wo sie da sind. ‚Was ich nicht weiß, macht mich nicht heiß.' Verstehst du?"
„Das stimmt schon. Aber ich finde, es müsste nur alles ganz anders laufen. Das ganze System müsste sich ändern. Es dürfte nicht so viel Ausbeutung der Menschen ... und der Ressourcen dieser Welt geben."
Julia blieb vor einem kleinen Bioladen stehen.
„Ach, Gregor, du Träumer. Wie stellst du dir das vor?"
„Na, es gibt doch zum Beispiel dieses Buch, ‚Das Tahiti-Projekt'. Da werden diese G-Com-Handys vorgestellt. Die funktionieren auf Basis der natürlichen Strahlung der Erde. Da wird man dann nicht zusätzlich verstrahlt."
„Cool! Das Buch will ich mal lesen. Löst aber noch nicht das Problem mit der Kinderarbeit."
„Nee, natürlich nicht. Man dürfte halt nicht alle paar Monate ′n neues Handy kaufen. Handys müssten haltbarer gebaut werden, dafür hätten sie einen größeren Wert. Aber im Kapitalismus funktioniert das nicht, weil Firmen nix davon haben, wenn sie ein haltbares Produkt erstellen. Dann kauft ja keiner mehr was Neues. Ist wie mit dieser Glühbirne, die irgendwo im Tresor vor sich hinschlummert. Die soll ewig brennen. Aber wenn sie gebaut würde, in größerem Maßstab, dann könnte die Firma dicht machen."
„Wusste gar nicht, dass du Anhänger von Verschwörungstheorien bist!", Julia zwinkerte.

„Nee, ehrlich ...", sagte Gregor. Seine Augen leuchteten. „Vielleicht müsste so was wie Recycling auch technisch noch verfeinert werden."
„Hm, ja, klingt gut. Fortschritt als Chance sozusagen. Trotzdem musst du erst mal das System verändern. Ohne geht's nicht."
„Meine Rede, Julia ...", Gregor sah, dass Julia schon einen Schritt zur Ladentür gemacht hatte. „Jetzt haben wir uns ziemlich verquatscht. Gehst du da jetzt rein und kaufst so Bio-Krempel?"
Julia lächelte. „Ja, ich kaufe ‚Bio-Krempel'! Ich will nämlich die Welt verändern."
Gregor lachte und alberte: „Ach, und dafür muss man Möhren mit Erde dran essen? Dann ohne mich ... Streichel deinen alten Hund von mir, wie hieß er noch?"
„Fidel."
Beide prusteten los.
„Fidel?", fragte Gregor. „Na, dann kann er ja helfen, die Welt zu verändern. Schönen Tag!"
„Dir auch!", sagte Julia und öffnete die Ladentür, die durch ein Glöckchen im Innern die Besucherin verriet.

[fb]

## Warenlieferung per Handkarren

*„Handkarren parken verboten!"*

Solche Verkehrsauflagen denke ich mir nicht aus – sie existieren tatsächlich. Es gibt einen Ort, an dem Waren mit dem Handkarren transportiert werden. Nicht in Afrika oder Asien oder Südamerika, wie manche von Euch sich das vorstellen. Nein, ganz um die Ecke! In Venedig!

Die Innenstadt Venedigs ist autofrei. Das einzige Transportmittel für Menschen sind Vaporetti oder sogenannte Wassertaxis. Zum Transport ihrer Waren greifen die Händler des Zentrums auf Handkarren zurück. Nichts ist daran mittelalterlich, es ist ganz normaler Alltag in Italien.

In der hektischen Betriebsamkeit Venedigs kann man das Rufen der Handkarrenfahrer überall hören: „Attenzione, attenzione!"[1] Und gleich darauf sausen die Karren mit beeindruckender Geschwindigkeit vorbei.[2]

Falls etwas passiert oder falsch geparkt wurde, gibt es an jedem Karren eine Tafel, auf der der Name der Eigentümerin zu lesen ist.

Was mich daran fasziniert, sind die energietechnischen Vorteile. Es ist menschliche Energie, die investiert wird. $CO_2$-Emmission auf geringster Ebene. Und obwohl dabei der Mensch zur Ressource wird, zum „einfachen" Arbeiter, finde ich die Vorstellung dieser körperlichen Tätigkeit attraktiv. Statt am Feierabend ein Fitnessstudio aufsuchen zu müssen, kann eine solche Tätigkeit dazu geeignet sein, dem Bewegungsdrang der Menschen entgegenzukommen.

Ginge diese Tätigkeit nicht mit Ausbeutung menschlicher Arbeitskraft einher, wie es zur Zeit in Italien bestimmt der Fall ist, könnte ich selbst mir sehr gut vorstellen, für ein bis zwei Stunden Waren durch die reizvolle Stadt Venedig zu manövrieren. Die

---

1 *Übersetzung aus dem Italienischen: „Achtung, Achtung!"*

2 *Um Fußgänger nicht zu behindern, dürfen die Handwagen, hier „carelli" oder „carelli a mano", nicht breiter sein als 80 Zentimeter. Wegen Venedigs vieler Brücken und der zu überwindenden Stufen haben die carelli eine besondere Form, die es erlaubt, sie mitsamt ihrer Waren langsam hoch- bzw. herunterzurollen.*

Idee dieser körperlichen Arbeit als umweltbewusster Lösung des Transportproblems finde ich genial.

Ob so etwas in Deutschland durchsetzbar wäre? In manchen Innenstadtbereichen mag kein Autoverkehr zugelassen sein, die Waren anliefernden LKWs sind dennoch erlaubt. Nur keinen Schritt zu viel, nur keine ökologische Lösung. Viele können sich einen Transport größerer Mengen als dem, was in einen Einkaufsbeutel passt, nicht mehr vorstellen. Wie weit ist da eine Warenanlieferung per pedes³ aus unserem Bewusstsein gedrängt worden.

Ich mache darauf aufmerksam, weil ich denke, dass wir uns persönlich ein Scheibchen bei den VenezianerInnen abschneiden können. Der nächste Umzug kommt bestimmt. Bei manchen auch die nächste Warenanlieferung aus dem Möbelhaus um die Ecke. Ist es nötig, dafür einen LKW oder ein Auto anzumieten? Könnte lustig sein, ein Umzug mit Handkarren, Fahrradanhänger oder öffentlichen Verkehrsmitteln.

Was das mit Konsum zu tun hat? Erst mal nichts, nehmt es als eine Art Denkanstoß. Wenn für Euch nicht mal ein Umzug ohne Auto in Frage kommt, wie sollte für die Industrie eine Warenanlieferung mit Handkarren oder anderen alternativen Transportmitteln vorstellbar sein?

Der Handkarren dient dabei als Symbol. Nicht für rückwärts gewandte Lebensweisen, die jeden Fortschritt als Schritt zur nahenden Katastrophe betrachten, eher als Symbol für moderne ökologisch-ergonomische Problemlösungen: Radios mit Kurbeln, Taschenlampen zum Schütteln, Velotaxis am Brandenburger Tor, Tretboote, Kurbelwaschmaschinen und eben Handkarren, die Waren das letzte Stück bis ins Stadtzentrum tragen.

---

*3 lateinisch für: zu Fuß*

Viele dieser Geräte sind nicht mit mittelalterlichen Äquivalenten zu vergleichen. Der Fortschritt hat hier gute Arbeit geleistet. Die Gangschaltung am Fahrrad ist nur ein Beispiel unter vielen. Menschlicher Erfindungsgeist ist gefragt, um manuelle Geräte immer wieder zu verbessern. Aber mechanische Geräte sollten nicht als eine kurze Phase in der Geschichte der Menschheit betrachtet werden, die abgelöst wurde von stromabhängigen Technologien. Eine Unterschätzung der Mechanik halte ich für einen großen Fehler, denn sie könnte in Zukunft Lösungen anbieten, die Energiekosten verringern könnte und Menschen unabhängiger machen.

Ich habe Spaß an solchen Geräten, Ideen und Tätigkeiten. Das Gefühl, etwas selbst getan zu haben, ohne dabei auf Strom zurückzugreifen, kann sehr befriedigend sein. Ich fühle mich unabhängig von lokalen Stromversorgern. Außerdem: Wenn Zeit Geld ist, dann gilt auch der umgekehrte Fall: Wer sich mehr Zeit nimmt, um Dinge selbst oder per Hand zu machen, Strecken zu Fuß oder per Fahrrad zurückzulegen, der muss auch nicht mehr so viel Geld erwirtschaften und schafft sich kleine Freiräume für ein Leben abseits einer 40-Stunden-Lohnarbeit.

[fb]

## Fortschritt mit Tempo?

**Das Papiertaschentuch**

Von Vielen „Tempo" genannt hat es nach 1929 die Welt erobert. Kaum ein Mensch geht noch ohne aus dem Haus. Das Papier- oder auch Zellstofftaschentuch ist eindeutig ein „Entwicklungssprung". Es bietet eine vielseitige, hygienische Einmalanwendung – für Nase, Schmuddelfinger, zur Eindämmung kleinerer Katastrophen wie umgekippter Getränke oder auch als Toilettenpapierersatz, wo es keines gibt.

In einer einzigen Produktionsanlage in Neuss werden jährlich so viele Papiertaschentücher hergestellt, dass durchschnittlich von jeder Person hierzulande etwa 300 Taschentücher pro Jahr verbraucht werden können. Bei vorsichtiger, niedriger Schätzung verbraucht jeder und jede damit im Jahr mindestens eine Großpackung.

Hergestellt aus Zellulose bestehen Papiertaschentücher nicht aus einem jederzeit verfügbaren Rohstoff. Das Material besteht zu großen Teilen aus Regenwald-Bäumen. Und diese sind begrenzte, unwiederbringliche Ressourcen, außerdem sind die Bäume Grundlage für andere Ressourcen – wie saubere Luft, $CO_2$-Speicher etc. Sie sind mehr als bloß Material. Hier beginnt die moralische Abwägung. Denn können wir einen Preis für den Regenwald auf die Liste setzen? Lebensgrundlagen lassen sich nicht in Geldwerte umrechnen.

Eine Weile gab es auch die „ökologische Variante" des Recyclingtaschentuchs, die ist aber inzwischen bis auf Ausnahmen wieder verschwunden.

Was war vor dieser „Weiterentwicklung"? Wie lebten Menschen ohne dieses kleine allgegenwärtige Papier? – Sie hatten Stofftaschentücher.

## Der Vorgänger

Das klassische Taschentuch aus Stoff kann im Prinzip alles, was ein Papiertaschentuch auch kann. Entscheidende Nachteile liegen in der Mehrarbeit, es wieder sauber zu bekommen, und dem etwas geringeren Hygienelevel.
Hergestellt werden Stofftaschentücher aus Baumwolle. Ein Stofftaschentuch hält etwa 10 Jahre. Wer 20 Stofftaschentücher besitzt, hat damit durchschnittlich die Kosten von 2 Stofftaschentüchern pro Jahr.
Die Herausforderung für diejenigen, die kritisch hinterfragen wollen, was sie konsumieren, besteht nun darin, zu einer Bewertung zu gelangen. Zu fragen, welcher Preis für die Dinge gezahlt wird. Das sind leider oft Punkte, die den „gewöhnlichen VerbraucherInnen" unsichtbar bleiben.

## Die Abwägung

Machen wir es kurz. Auch wenn nur geschätzte Zahlen bekannt sind, geht eine Kosten-Nutzen-Analyse eindeutig zugunsten des Stofftaschentuchs aus. Noch dazu kommen die moralischen Kosten der Papiertaschentücher.
Wir brauchen keine MathematikerInnen zu sein, um zu erkennen, dass es sich beim Papiertaschentuch um eine Entwicklung handelt, die keineswegs positiv bewertet werden kann.
Warum also sehe ich kaum Menschen mit Stofftaschentüchern? Wahrscheinlich liegt es daran, dass die wahren Kosten eines Papiertaschentuchs verborgen bleiben. Sie werden uns oder unseren Kindern erst in den nächsten Jahrzehnten per Rechnung zugeschickt. Und es liegt an einer vereinfachten, egoistischen Kosten-Nutzen-Analyse. Es ist so einfach, Papiertaschentücher zu bekommen und sie nach der Benutzung im nächsten Mülleimer entsorgen zu können.

## Fortschrittsfeindlichkeit

Ökologisch denkenden Menschen wird oft vorgeworfen, sie seien fortschrittsfeindlich, würden neue und bessere Technologien auszubremsen versuchen und damit konservativ an alten Zuständen oder Entwicklungsstufen festhalten wollen.
Aber ein Großteil ökologischer und politischer Menschen ver-

sucht, eine kritische Bewertung vorzunehmen: Ist die neue Technologie wirklich ein Fortschritt mit Perspektive? Ist eine Weiterentwicklung in die und die Richtung als positiv oder negativ zu betrachten?

Meiner Meinung nach ist das im technologischen Zeitalter eine der Kernfragen, mit denen wir uns auseinanderzusetzen haben. Politische Ökologie bzw. ökologische Politik bedeutet nicht, den Fortschritt der Industrie aufhalten zu wollen. Politische Ökologie ist die Bewertung der Entwicklungen derselben unter Betrachtung weiträumiger Gesichtspunkte. Dazu gehört die Frage der „Nachhaltigkeit", der Notwendigkeit, des Ressourcenverbrauchs genauso wie der Gewinn für die Gesellschaft.

> **Zum Punkt Hygiene**
> Viele Menschen geben an, dass sie Stofftaschentücher unhygienisch fänden. Wer in ein Papiertaschentuch schneuzt, kann das einfach wegwerfen. Ein Stofftaschentuch wird mehrmals verwendet. Das ist aber gar nicht dramatisch: Die Keime im Taschentuch sind sowieso aus dem eigenen Körper. Damit kann man sich nicht mehr „infizieren".
> Wer erkältet ist, sollte Taschentücher nicht tauschen, verborgen etc. Häufiges Waschen der Stofftaschentücher ist ebenso angebracht. Viren können meist nur kurze Zeit ohne Wirtszellen überstehen. Durchspülen in Essig tötet die meisten Bakterien ab.

## „Echter" Fortschritt

Das Papiertaschentuch ist in meinen Augen kein Fortschritt mit Zukunft. Doch was sagt uns das? Wie weiter?

An diesem Beispiel wird deutlich, was aufgrund beschränkter Ressourcen auf zukünftige Generationen zukommen wird: Eine genaue Analyse der Entwicklungen und kreative, zeitgemäße Lösungen.

Analysen des Ist-Zustands und das Hinterfragen moderner Technologien mögen manchmal anstrengend sein, aber sie sind essentiell für eine zukunftsfähige Welt.

Wo wäre die Stofftaschentuch-Entwicklung heute, wenn es Papiertaschentücher nicht gäbe? Wir müssen bei einem Stofftaschentuch nicht zwangsläufig an den angeschnodderten Stofffetzen in Opas Hosentasche denken.

Spinnen wir das weiter: Wir könnten Stoffverpackungen haben, ähnlich in der Größe wie „Tempo"-Verpackungen. Stofftaschentücher könnten wieder Ausdruck unseres Modebewusstseins sein. Alle Muster und Farben der Welt wären denkbar.

Wäre es nicht denkbar, noch einmal an diesen Gabelpunkt zurückzukehren und selbst darüber nachzudenken, welche Entwicklung positiv zu bewerten wäre?

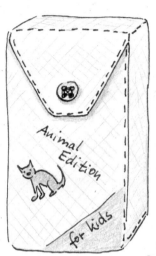

Vielleicht ist auch eine Kombination beider Wege möglich: Ich kann mir für mich vorstellen, Stofftaschentücher wieder aufleben zu lassen und stets ein paar Recyclingpapiertaschentücher für den Fall der Fälle dabeizuhaben.

Lasst uns wieder Stofftaschentücher nähen, denn die waren ein „echter Fortschritt".

[fb]

## Interview mit Karla Kaufrausch

*Frau Kaufrausch gilt als Expertin auf dem Gebiet des Konsums. Sie ist diplomierte Kaufrausch-Ökonomin und hat sich bereit erklärt, einige pseudowissenschaftliche Theorien gegenüber dem Buchprojekt zu erläutern.*

**Frage: „Frau Kaufrausch, was halten Sie denn von Konsum an sich?"**

Fr. Kaufrausch: „Konsum an sich ... ähm ... ist notwendig, essentiell – ohne Konsum wäre diese Welt nicht diese Welt!"

**Frage: „Meinen Sie, es gäbe ohne Konsum keine Menschen?"**

Fr. Kaufrausch: „Wir haben es hier mit einer Ungenauigkeit der Begrifflichkeiten zu tun – Konsum kann ja die reine Aufnahme zum Beispiel von Lebensmitteln sein. Das ist natürlich nicht essentiell. Man schaue sich nur die Kinder in Afrika an, dann sieht man schon, dass es durchaus auch ohne geht. Sie haben doch dicke Bäuche, diese Kinder!
Was aber die von mir gemeinte Deutung von Konsum angeht: Das käufliche Erwerben von Gütern – ja, das halte ich für essentiell. Stellen Sie sich nur vor, dass alles einfach in den Läden herumläge! Dass man sich einfach alles nehmen könnte! Das wäre fatal. Menschen wüssten nicht mehr ein und aus. Klar, eine bloße, tiergleiche Existenz wäre noch möglich, aber wer von uns zivilisierten Menschen will das schon?"

**Frage: „Warum denken Sie denn, dass es so fatal wäre? Hätte es nicht viele gute Seiten, wenn man sich Dinge einfach nehmen könnte?"**

Fr. Kaufrausch: „Du meine Güte, nein! Alles würde zusammenbrechen. Niemand würde mehr etwas tun! Konsum ist der Antrieb der menschlichen Zivilisationen!"

**Frage: „Inwiefern?"**

Fr. Kaufrausch: „Sehen Sie: Menschen gehen einkaufen, um Dinge zu erwerben, die sie für nützlich halten. Der Glaube, Dinge könnten nützlich sein, wird in nicht unerheblichem Maße dadurch geprägt, dass Leute Dinge NICHT besitzen. Würden die Menschen freien Zugang zu allen Waren haben, dann würden sie viel schneller merken, wie nutzlos vieles ist!"

**Frage: „Hat das nicht irgendwie auch etwas Gutes?"**

Fr. Kaufrausch: „Also, Sie leben ja wohl wirklich hinter dem Mond! Verstehen Sie denn nicht? Es würde doch kein Mensch mehr danach streben, Geld besitzen zu wollen! Keiner würde mehr arbeiten gehen, keiner würde sich mehr ausbeuten lassen wollen!"

**Frage: „Aha, Ausbeutung finden Sie also erstrebenswert?!"**

Fr. Kaufrausch: „Sie, also, wissen Sie! Ich höre doch den Zynismus in Ihrer Stimme! Wenn Sie die Prozesse nicht verstehen können, die unsere Welt im Innersten zusammenhalten, dann tut es mir leid. Da kann ich nichts machen. Einen guten Tag!"

*Frau Kaufrausch stöckelt davon.*

[fb]

## Schritt für Schritt oder Revolution?

Manche sagen, alles könne so bleiben, wie es ist. Es stünde zwar nicht alles zum Besten mit der Welt, aber das wäre nun einmal so. Wenn Du auch dieser Meinung bist, warum hast Du dann dieses Buch in der Hand?!

Dieser Text dreht sich um hypothetische und ganz praktische Möglichkeiten, die Konsumwelt zu verändern.

**„Schritt für Schritt"**

Wer Michael Ende`s „Momo" einmal gelesen hat, wird ihn nicht vergessen – den alten Beppo Straßenkehrer. Am Morgen sieht er die Straße hinauf und denkt: Das kann ich niemals schaffen! Doch dann beginnt er zu kehren, Schritt für Schritt. Und am Abend hat er es doch geschafft, die ganze lange Straße, welche morgens noch endlos erschien.

Manche sagen, so könne man die Welt verändern: Schritt für Schritt.

Verschiedene Initiativen und AutorInnen rufen dazu auf, sich etappenweise einem Idealzustand anzunähern. Und so Stück für Stück das System zu verändern. Eine Zeit über gab es beispielsweise die Initiative: „10 % Bio – Das kann jeder"[1].

Nach dieser Sichtweise haben VerbraucherInnen viel Macht. Die Wahl am Regal gleicht demnach politischen Wahlen. Ein paar Schritte in die „richtige" Richtung könnten so die Welt allmählich zum „Guten" verschieben. Ganz nach den Regeln und Gesetzen des Systems soll so die Gesellschaft von Umweltver-

---
[1] Bundesprogramm Ökologischer Landbau: Die Initiative soll Wege aufzeigen, Bio-Produkte kostenneutral in den Alltag z.B. von Großküchen, Kindertagesstätten zu integrieren.

schmutzung, Lebensmittelvergiftung, Kinderarbeit und Sklaverei weggeführt werden.²

**„Revolution!"**

Manche mögen's heißer und glauben an die Notwendigkeit einer Revolution. Dabei solle das System komplett umgekrempelt, der Kapitalismus abgeschafft werden, und man würde ein System hervorbringen, in dem Menschen (wahlweise auch nichtmenschliche Tiere und Umweltressourcen) nicht mehr ausgebeutet werden. Einkaufen ist für die RevoluzzerInnen nur ein Prozess, der das vorhandene System stabilisiert. Egal, wie vermeintlich „gut" oder „richtig" man seinen Apfel kauft – wer kauft, unterstützt automatisch den Kapitalismus und die Auffassung, dass es Eigentum gibt. Die Tatsache, dass EigentümerInnen und Besitzende die Bedingungen diktieren können, nach denen Handel und Geldaustausch funktionieren, bleibt beim Einkaufen unangetastet.

---

2 Siehe Tanja Busse, „Die Einkaufsrevolution", insbesondere Kapitel „Die Konsumgesellschaft frisst ihre Kritiker", ab S. 27

Auch wenn alle Firmen der Welt eines Tages zum Beispiel auf biologische Erzeugung umgestellt hätten, weil die Verbraucher das so wollten, es würden in einem kapitalistischen System doch wieder diejenigen „gewinnen", die Ressourcen am effektivsten ausbeuteten. Vielleicht ziehen die einen ihre Pflanzen im Gewächshaus auf Steinwolle oder ernten mit großen Maschinen, die nicht ökologisch zu nennen sind, und die anderen ernten aus höheren Ansprüchen heraus mit Hand und zahlen ihren Arbeitskräften mehr. Letztere würden verlieren.

Deshalb ist es für RevoluzzerInnen ganz egal, ob Bio gekauft wird oder nicht. Hauptsache, man selbst hat genug Geld und Zeit, um auf die Revolution hinzuarbeiten. Es darf also, bis zur Revolution, gerne billig sein ...

**Symptome und Ursachen**

An beiden Betrachtungsweisen ist etwas dran. So sehr sich die einzelne kleine Konsumentin auch bemüht, sie wird allein mit ihrem Einkaufsverhalten das System nicht verändern. Sie wird es lindern können, wie die zwölfte Fee den Spruch der dreizehnten im Märchen „Dornröschen", aber sie kann die Prinzipien, die zum Elend führen, nicht durchbrechen.

Dennoch ist auch die andere Seite kritikabel: Während sich irgendein Möchtegern-Revolutionär mit Billigprodukten der Supermarktkette nebenan am Leben erhält, nimmt er Menschen, die am Prozess der Erzeugung von Billigprodukten beteiligt sind, vielleicht die Möglichkeit, über etwas wie eine Veränderung des Systems überhaupt nachzudenken. Wer 12 bis 18 Stunden am Tag auf einem Feld unter drückender Sonne arbeitet, dabei eventuell mit giftigen Pestiziden in Kontakt kommt, der wird sich im seltensten Fall zum Feierabend mit Schriften von Karl Marx auseinandersetzen. Kann schon sein, dass es Tropfen auf den heißen Stein sind, wenn ein paar Ökos „bewusst" einkaufen. Durch die Einstellung, erst nach einer vielleicht nie stattfindenden Revolution mit bewusstem Ressourcenumgang zu beginnen, werden im Augenblick Ausbeutung und Umweltzerstörung gefördert.

Kleine Schritte in die richtige Richtung sind gut. Wenn ab sofort mehr Menschen Bioprodukte kauften, dann würden nahezu augenblicklich die Mengen von Pestiziden, von gentechnisch eingesetzten Sämereien verringert, vielleicht würde weniger Regenwald abgeholzt, was auch immer. Es stellt sich schnell eine Verbesserung ein.

„Nicht genug!" – Das stimmt. Lösen kann der Kauf von mehr Bioprodukten, fair gehandelten Produkten nur die akuten Beschwerden. Das Problem wird damit symptomatisch behandelt und nicht an der Wurzel gepackt.

Wer selbst einmal Kopfschmerzen hatte, weiß, dass die Bekämpfung der Ursachen dieser Kopfschmerzen wichtig ist. Aber eine Kopfschmerztablette kann manchmal Wunder wirken. Und erst den Kopf frei machen, um die Ursache der Kopfschmerzen überhaupt zu erkennen.

Wem die Konsumwelt Kopfzerbrechen bereitet, sollte ebenso an beides denken – Symptome und Ursachen.

**Kräfte gut einteilen**

Kleine Schritte sind daher gut, aber nicht genug. Doch bevor sich Menschen gänzlich aufreiben, verheizen, fertigmachen, ist es besser, Einzelne fragen sich, für wie viel Veränderungen sie die Kraft haben.

Wie geht das soziale Umfeld damit um, wenn man sich „dem System" total verweigert? Für Menschen, die den Zirkus „Arbeiten – Geld verdienen – Einkaufen" nicht einfach mitmachen möchten, gibt es wenig Sicherheit. Geborgenheit hängt an einem seidenen Faden, der schnell reißt, wenn in bürgerlichen Familienkreisen die „falschen" Worte fallen oder unerwünschte politische Ansichten zutage treten. Extrem konsequent zu leben, kann einsam machen.

Und so ist das Maß dessen, was der oder die Einzelne an sich und dem persönlichen Konsumverhalten ändern kann und will, ganz unterschiedlich. Manche ignorieren sie gänzlich, die Hinweise auf zugefügten Schaden an anderen Personen. Manche hören scheinbar interessiert zu, machen kleine Zugeständnisse, kaufen hier und da ein fair gehandeltes Produkt, vergessen es aber bald wieder. Manche versuchen sich im bewussten Einkaufen, wo es geht. Andere versuchen, Konsum ganz und gar zu umgehen. Wieder andere leisten politische Arbeit, die an der schönen Fassade des Systems kratzt, um die Zustände im Allgemeinen zu kritisieren. Könnte man jetzt werten, wer mehr Opfer bringt?

Wenn eine Person glücklich ist, ökologisch erzeugte Kräuter und Gemüse auf dem Biomarkt zu verkaufen, steht das nicht im Kontrast zum kapitalistischen System. Aber kann die Person ohne näheres Hinsehen kritisiert werden, weil sie nicht im Geheimen die Revolution plant?

Es gibt viele Möglichkeiten, etwas zu ändern. Welche Du davon wählst und ob Du überhaupt etwas ändern willst, ist allein Deine Entscheidung ...

[fb]

# Konsum – Entdecke die Möglichkeiten!
## Kreuzworträtsel

» **Auflösung ab Seite 146** «

## Senkrecht:

1 – Selbstorganisierte Lebensmittelkooperative

2 – Einrichtung zum Verschenken und kostenlosen Mitnehmen von Gütern

3 – Nutzung von Gütern ausschließlich aus eigenem Anbau bzw. eigener Produktion

4 – Geld gegen Ware tauschen

7 – Beschaffen von Abfallprodukten (z.B. von Supermärkten)

8 – Kleines Geschäft, das ausschließlich Waren aus ökologischer Produktion führt

10 – unerlaubtes Aneignen im Laden

13 – Platz für eigene Ideen

## Waagerecht:

5 – Geschäft, das bereits benutzte Produkte an „zweite Hände" verkauft

6 – vereinbarte Zusammenarbeit verschiedener Menschen oder Gruppen

9 – umgangssprachlich für Betteln, Erbetteln

10 – Produkte ohne politischen, sozialen oder ökologischen Anspruch sind ...

11 – Verband zum Tauschen von Waren und Fähigkeiten

12 – Neuerdings in normalen Supermärkten vorhandene Sortimentserweiterung mit Produkten höheren ökologischen Anspruchs

## Auflösung

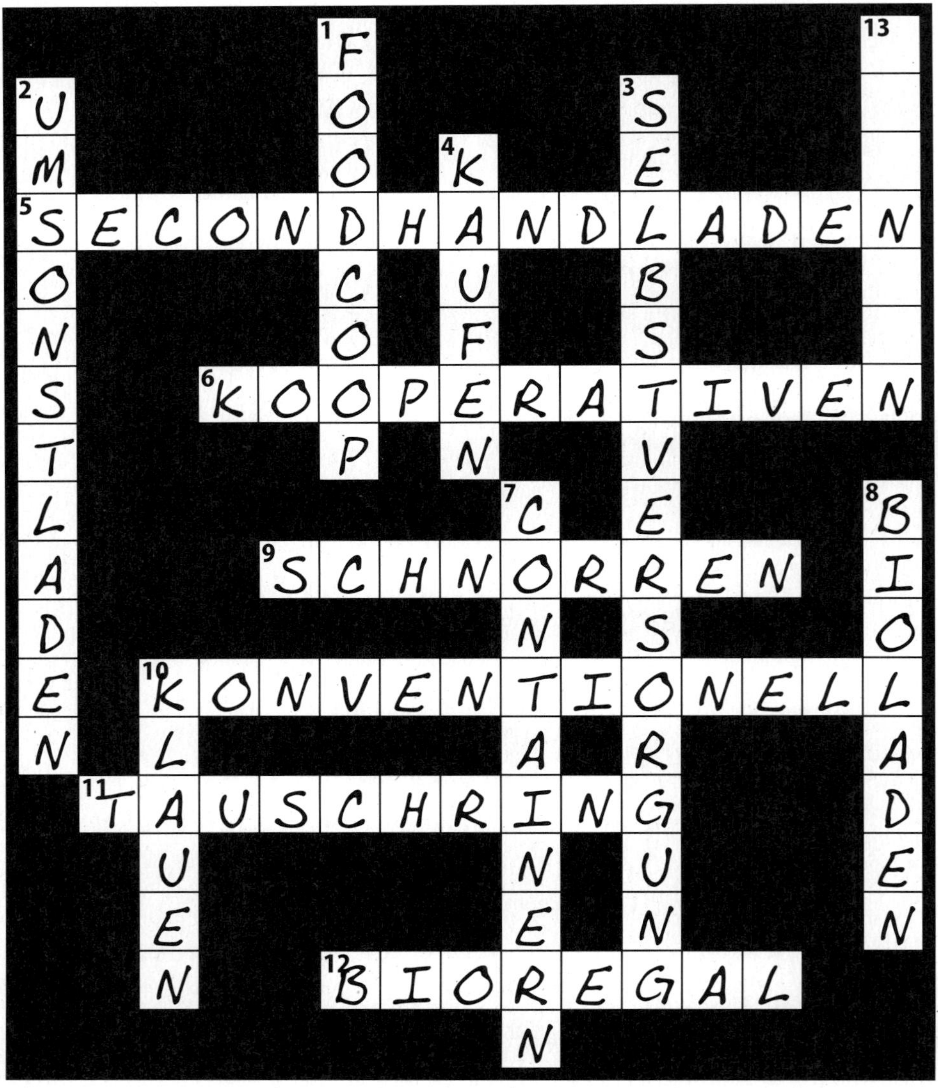
1 FOODCOOP
2 UMSONSTLADEN
3 SELBSTVERSORGUNG
4 KAUFEN
5 SECONDHANDLADEN
6 KOOPERATIVEN
7 CONTAINERN
8 BIOLADEN
9 SCHNORREN
10 KONVENTIONELL
10 KLAUEN
11 TAUSCHRING
12 BIOREGAL
13

**Senkrecht:**

*1 – Foodcoop*
Der Einkauf in regionalen, selbstorganisierten Lebensmittelkooperativen – meist als FoodCoops bezeichnet – kann emanzipatorischen Charakter haben, da mensch sich vom anonymen Markt wegbewegt (sofern tatsächlich in der Region eingekauft wird) und die Distanz zwischen ErzeugerInnen und VerbraucherInnen sinkt. Das ist auch eine wichtige Bedingung für das Entstehen freier Kooperationen „auf gleicher Augenhöhe". Wenn regional hergestellte Produkte eingekauft werden, verbessert dies in der Regel auch deren Ökobilanz, da Transportwege wegfallen. Es wird auch einfacher möglich, sich über die Produktionsbedingungen zu informieren und auf diese Einfluss zu nehmen.

*2 – Umsonstladen*
Glücklich sind die, die einen Umsonst- oder Schenkladen in ihrer Nähe haben. Hier finden sich gebrauchte Kleidung, Bücher, Geschirr und vieles andere ganz kostenlos zum Mitnehmen. In manchen Läden ist die Anzahl der Dinge, die man pro Tag mitnehmen darf, zwar beschränkt, aber dennoch kann man hier fast alles finden, was man so braucht. Natürlich ist nicht immer genau das da, was man sucht. Es erfordert ein bisschen Geduld und Ausdauer, darauf zu warten, dass ein bestimmter Gegenstand wie ein Bügeleisen oder ein Telefon in den Umsonstladen wandert, aber in gut funktionierenden Schenkläden ist es eigentlich nur eine Frage der Zeit.

Umsonstläden sind eine gute Alternative zum Geld-Waren-Tausch-System. Aber bitte nicht vergessen: Die meisten Umsonstläden funktionieren noch nicht unabhängig vom Geld, weil Ladenmiete, Strom- und Telefonkosten anfallen. Hier hin und wieder eine kleine Geldspende nach Selbsteinschätzung dazulassen, unterstützt eine alternative Struktur in einem kapitalistischen System.

Und vielleicht kann man selbst darüber nachdenken, ob man nicht Dinge besitzt, die man gar nicht benötigt und die andere viel dringender bräuchten.

*3 – Selbstversorgung*
Ein gar nicht seltener Ansatz zur schrittweisen Realisierung von Utopien ist die Selbstversorgung, die bei vielen Alternativprojekten anzutreffen ist. Das bedeutet, dass die Nahrungsmittel für den Eigenbedarf selbst angebaut werden, was bei Berücksichtigung aller benötigten Lebensmittel sehr viel Aufwand bedeutet. Will man noch einigermaßen bequem leben, so ist eine umfassende Selbstversorgung kaum möglich, da der Arbeitsaufwand für einzelne Menschen unverhältnismäßig hoch ist. Kooperationen mit ähnlich gelagerten Projekten erscheinen sinnvoll.

Natürlich gibt es Bereiche, in denen man sich bei wenig Zeitaufwand mit einigen selbstangebauten Früchten versorgen kann (z.B. Kürbisse, Streuobst). Auch in der Stadt ist das sogenannte „Urban Gardening" (Stadtgärtnern) eine Methode, sich eingeschränkt selbst zu versorgen: Kleine Beete auf Hinterhöfen oder Brachflächen, das Anpflanzen von Obstbäumen und der Gemüsegarten auf dem Balkon zählen dazu.

## 4 – Kaufen

Wer Geld für ein Produkt ausgibt, fördert die Wirtschaftsform des Kapitalismus und kann zwar auf bestimmte „bessere" Produktionsweisen hinarbeiten, aber er oder sie überlistet den Markt damit nicht. Es ist notwendig, das Geld von irgendwoher zu erlangen, was in den allermeisten Fällen durch Erwerbstätigkeit passiert. Diese wiederum lässt kaum Freiräume für ein Leben abseits der Normen, kaum Zeit zum Nachdenken.

## 7 – Containern

Die Verwertung insbesondere von weggeworfenen, noch genießbaren Lebensmitteln ist vermutlich das Warenbeschaffungsprinzip mit den geringsten direkten ökologischen, sozialen und ethischen Auswirkungen. Durch den Konsum dieser Produkte wird keine Nachfrage geschaffen und damit nicht bewirkt, dass diese „nachproduziert" werden. Nachteilig am Containern als Selbstorganisations-Ansatz ist, dass es nur eingeschränkt auf einen breiten Teil der Bevölkerung übertragbar ist. Das Müllaufkommen ist glücklicherweise begrenzt und kann nur nischenartig von einigen wenigen Leuten genutzt werden. Allerdings wird das vorhandene Potential bisher in den meisten Orten noch lange nicht ausgereizt.

Dem Containern fehlt ein utopischer Ansatz: In einer emanzipatorischen Idealvorstellung wird es unnötige Müllberge vermutlich nicht geben, diese Nahrungsmittelquelle fällt dann also weg. Alternativen dazu sind notwendig.

## 8 – Bioladen

Es gibt Vorzüge gegenüber konventionellen Läden, da die Biogeschäfte meist noch nicht so stark in großkapitalistischen Strukturen verankert sind und man somit weniger undurchschaubare Konzerngeflechte unterstützt. Auch bei den Produkten ist dies überwiegend der Fall.

## 10 – Klauen

Die „unerlaubte Aneignung im Laden" kann strafrechtliche Konsequenzen mit sich ziehen (§242 des StGB) und ist wie beim Kauf mit einer Erhöhung der Nachfrage verbunden. Schließlich werden die geklauten Dinge in aller Regel durch neue ersetzt, die zusätzlich angeschafft werden. In der Regel hat niemand einen Überblick, dass bestimmte Produkte besonders häufig geklaut wurden. Es fehlt einfach am Ende Geld in der Kasse. Man schadet damit der HändlerIn, dem Baumarkt oder der Supermarktkette, falls diese nicht gegen Diebstahl versichert sind.

Es ist derselbe „Rucksack" an ökologischen und sozialen Folgen mit dem geklauten Produkt verbunden, als wenn man das Produkt gekauft hätte. Wer Nestlé klaut, weil Nestlé als politisch inkorrekte Marke gilt, der erzwingt damit, dass es eine Nachfrage nach Nestlé-Produkten gibt. Wer Gentechnik klaut, wird dafür sorgen, dass der Laden Gentechnik nachkauft. Und wer billige Schokolade klaut statt kauft, der macht das Leben der ausgebeuteten Menschen auf den Plantagen nicht besser. Umgekehrt gilt: Wer Bio oder FairTrade klaut, sorgt dafür, dass der Laden Bio und FairTrade nachkauft!

Damit kann Klauen schon ein durchdachtes Mittel sein, um politisch auf Produkte Einfluss zu nehmen, die man sich sonst vielleicht gar nicht leisten könnte. Eine Supermarktkette wie Netto oder Lidl könne ruhigen Gewissens geschädigt werden, meinen manche. Wer allerdings im kleinen Bioladen nebenan klaut, der sollte sich gründlich überlegen, ob er oder sie wirklich die Existenz eines kleinen Betriebes schädigen will. Klauen kann als persönliche Alternative gewertet werden: Wer sich den Systemstrukturen nicht unterwerfen will, wer sich nicht zur Lohnarbeit zwingen lassen will, kann diesem Zwang durch Klauen partiell entgehen.

*13 – Platz für eigene Ideen*

**Waagerecht:**

*5 – Secondhandladen*
Während man hier früher ökologisch und politisch sinnvoll Waren kaufen konnte, die andere schon benutzten, und dabei noch sparte, sind die Preise heutzutage oft höher als neue Billigwaren á la H&M und Aldi. Hier einzukaufen, wird zur Gewissensfrage: Will ich Geld ausgeben für etwas, was ich woanders für denselben Preis neu und von niemandem mit kleinen Schmutzflecken versehen bekäme?
Ökologisch ist nichts dagegen einzuwenden, meist sind es kleine Läden ohne hierarchische Strukturen. Doch Vorsicht, auch hier lauern Wölfe im Schafspelz: Inhaber großer Second Hand-Ketten wie Humana gelten als bekannt dafür, Geld zu veruntreuen, während die Mitarbeiter ordentlich ausgebeutet werden.

## 6 – Kooperativen

Einige landwirtschaftlich alternativ produzierende Höfe funktionieren nach dem Mitmach-Prinzip. Dabei werden sommers Leute gefragt, ob sie bei der Ernte helfen, dafür werden die erwirtschafteten Lebensmittel hinterher verschenkt. Das muss nicht als direkter Tausch laufen. Klar, sicher werden diejenigen, die ernten, etwas mit nach Hause tragen. Aber wenn alles verschenkt wird, was der Hof nicht selbst verbrauchen kann, dann wird nicht nur an aktive ErntehelferInnen verschenkt sondern auch noch an politische Projekte. Der Karlshof beispielsweise versorgt fast ein ganzes Jahr lang bestimmte politische Projekte und andere Menschen mit Kartoffeln.

Hierbei stehen die Lebensmittelgewinnung und -verteilung in einem guten Gleichgewicht.

In ähnlicher Weise ist es möglich, Kooperativen für Gegenstände oder Tätigkeiten aufzubauen. Das kann ein „solidarischer Mailverteiler" sein, über den speziell nach bestimmten Waren gefragt werden kann. Oder es werden nachbarschaftlich Küchengeräte oder Waschmaschinen benutzt. Auch Aufstrich-Kooperativen sind lang erprobt, in der verschiedene WGs einmal in der Woche Aufstrich in großer Menge kochen und dann tauschen oder verschenken, um vielfältigere Brotaufstriche oder verschiedene Marmeladentypen zu erhalten. Kooperativen sind Netzwerke der Zukunft. Dabei wird das Geben und Nehmen nicht immer ausgeglichen sein. Diese Erwartung sollte niemand mitbringen. Jeder gibt, was er geben kann, und jeder nimmt, was er wirklich benötigt. Wenn es so funktioniert, dann helfen Kooperativen allen weiter und ebnen den Weg in ein bedürfnisorientiertes Miteinander.

## 9 – Schnorren

Wer einen guten Draht zum Bioladen nebenan hat oder ab und zu bei der FoodCoop mithilft, kann versuchen, Absprachen zu treffen. Beispielsweise sind viele Bioläden bereit, samstagnachmittags ihr Obst und Gemüse, das sich übers Wochenende nicht halten würde, zu verschenken.

Auch auf Märkten ist es gut möglich, Dinge, insbesondere Lebensmittel, zu „erschnorren". Gerade zu Marktschluss ist die freundliche Ansprache, ob vielleicht noch etwas Essbares für Menschen ohne Geld abfällt, sehr erfolgversprechend.

Schnorren ist gewöhnungsbedürftig und fällt vielen Menschen anfangs schwer. Man kommt sich „arm" vor, denkt an „BettlerInnen" und will so nicht erscheinen. Aber das muss man auch nicht. Es kann beim Schnorren ganz deutlich gemacht werden, dass hier aus politischen Gründen geschnorrt wird.

Im Zusammenhang mit Selbstorganisation beschaffen viele Menschen Lebensmittel auch durch Schnorren bei Herstellern, HändlerInnen und Produzenten. Dabei wird meist mit konkreten Anlässen wie politischen Seminaren gelockt. Wer zum Beispiel erzählt, dass er für ein Wochenendseminar über biologische Ernährungsweisen gern Frühstücksflocken vorstellen wollte, der hat gute Chancen, in den nächsten Tagen dafür ein Päckchen voll mit „Cerealien" zu bekommen. Es ist anzunehmen, dass diese Art des Schnorrens ähnlich dem Kauf eine Nachfrage bewirkt. Allerdings zeigt die Erfahrung, dass die Firmen sowieso ein festes Kontingent an Waren haben, die sie aus Werbungszwecken verschenken. Ist dieses Kontingent erschöpft, wird meistens nichts weiter gespendet.

*10 – konventionell*
Herkömmliche Produkte bringen in der Regel einen ganzen Rucksack an Ausbeutungssymptomen mit sich. Fair gehandelte Waren gibt es fast nicht, die Niedrigpreise wurden mit Niedriglöhnen und Ausbeutungsmechanismen, die nicht weit von Sklaverei entfernt scheinen, erkauft.

*11 – Tauschring*
In Tauschringen werden nicht nur Waren getauscht, auch Fähigkeiten, Kenntnisse. An sich sind Tauschringe eine wunderbare Idee zur Umgehung des Geldsystems. Wenn es allerdings wie in vielen Ringen, darum geht, bestimmte Waren und Fähigkeiten zu bepunkten und ganz bestimmte Kenntnisse mehr wert sind als andere, dann gleicht das ganze doch wieder einem kapitalistischen Leistungsprinzip, das nicht förderlich erscheint. Jemand mit selteneren Fähigkeiten erhält von den anderen mehr als andere mit gewöhnlicheren Talenten. Dabei sollte es idealerweise darum gehen, was die einzelnen benötigen. Doch die Bedürfnisse aller Beteiligten spielen hier leider keine Rolle – wer nichts anbietet, bekommt nichts.

*12 – Bioregal*
Viele konventionelle Supermärkte haben aufgrund des Öko- und FairTrade-Booms „Bioregale" eingeführt. Dahinter stecken keine politischen Überlegungen, sondern rein marktwirtschaftliche Strategien. Verkauft wird, was sich verkaufen lässt. Dass ein grundsätzliches Umstellen auf Bio- und FairTrade-Produkte sinnvoll und konsequent wäre, braucht den Managern nicht erzählt werden. „Politisch sinnvoll" hat hier keinen Platz.
Immerhin, der Konsument, die Konsumentin kann „ganz normal" einkaufen gehen. Der Supermarkt ist nebenan, der weite Weg zum Bioladen erübrigt sich. Zwischen lauter Ausbeutungspaketen und pestizidbelasteten Lebensmitteln sucht man sich einfach die auf einen selbst

zurechtgeschnittenen Bio- und FairTrade-Alternativen heraus.
Problematisch ist dabei, dass damit die Strukturen derer gestärkt werden, die ihr Hauptgeschäft mit klaren Ausbeutungsprodukten machen und mit Bioprodukten nur eine weitere „Nische" abgreifen.
Die hier zu findenden Marken (sei das Bio oder FairTrade) haben häufig geringere Ansprüche als die für ihr Öko-Engagement bekannten älteren Labels. Das „Bio" aus dem Supermarkt erreicht oftmals „gerade so" die Richtlinien der EG-Öko-Verordnung. Und wo Lücken sind, werden sie schamlos ausgenutzt. So wird in der Bio-Richtlinie nicht darauf geachtet, wie die Waren transportiert werden. Eine Folge davon ist, dass es im Supermarkt Äpfel aus Neuseeland gibt, die sich „Öko-Äpfel" nennen, obwohl sie einer der Gründe sind, warum die Stratosphäre mehr und mehr zerstört wird. Bio-Sojamilch gibt es hier in so rauen Mengen und zu so geringen Preisen, dass die Vermutung nahe liegt, ganze Fußballfelder aus Regenwald und Heerscharen von „SklavInnen" hätten zu diesem Dumpingpreis beigetragen. Nur so kann der Supermarkt Bio-Lebensmittel derart billig anbieten, billiger als es die kleinen Bioläden können.

[fb]

## Bericht aus Utopia

*Sehr geehrte Leserinnen und Leser!*

*Vielleicht darf ich mich kurz vorstellen? Ich bin Lukas und lebe im Jahr 2110. Es ist eine Menge Zeit vergangen, seit dieses Weltreise-Buchprojekt initiiert wurde. Über ein komplexes System bin ich gebeten worden, teilzunehmen. Man hat mir eine Botschaft zukommen lassen und gehofft, dass es Möglichkeiten gäbe, auch Botschaften in vergangene Zeiten zu senden. Nun ja, ganz einfach war es nicht. Aber ich will die LeserInnen nicht mit technischen Details langweilen.*

*Man bat mich, zu berichten, wie wir in der Zukunft leben, wie wir mit den Problemen, die regional unterschiedlich produktive Landschaften mit sich bringen, umgehen.*

*Gut, ich beginne damit, meinen Alltag zu beschreiben: Ich lebe, wie viele andere Menschen auch, in einem großen Wohnkomplex. Etwa 50 Leute leben in einem Rundhaus mit großem Innenhof. Dabei sind alle Altersklassen vertreten, was gewährleistet, dass Menschen füreinander sorgen können. Die engen Familienverbände sind aufgelöst worden. An die Stelle trat vor etwa 50 Jahren ein gestärkter Individualismus, der für eine Weile zu modemäßigem Egoismus führte. Doch auch das ist überwunden worden. Individualismus heißt in unserer Zeit nicht, dass jeder tut, was er will – ohne Rücksicht auf andere. Wir legen großen Wert darauf, rücksichtsvoll mit dem Leben um uns herum umzugehen. Schwarze Schafe gibt es selbstverständlich auch heute noch. Aber diese isolieren sich sozial mehr oder weniger selbst. Niemand will etwas mit ihnen zu tun haben. Sie werden nicht direkt ausgestoßen, sie werden eher ignoriert. Und dies führt häufig zu einem Bemühen der Ignorierten, sich doch wieder um die soziale Gemeinschaft zu sorgen.*

*Kinder wachsen bei uns nicht mehr im klassischen 2-Elternteile-System auf, sondern in einer Gruppe aus Erwachsenen, Alten und anderen Kindern. Zu wem die Kinder besondere Bezüge haben, das können sie selbst entscheiden. Wurden die Kinder gestillt, bleibt selbstverständlich häufig weiterhin eine enge Bindung an die biologische Mutter. Doch manchmal kommt es auch vor, dass eine Frau, nachdem sie ein Kind bekommen hat, andere Schwerpunkte in ihrem*

Leben setzen will und zum Beispiel auf Wanderschaft gehen möchte. Dies wird nicht verteufelt. Kinder verwahrlosen nicht, denn sie werden in dem engen Gefüge, in dem sie leben, von anderen liebevollen Menschen aufgefangen.

Wanderschaft – die räumliche Bewegung spielt eine große Rolle. Jeder Mensch sollte, wenigstens im Jugendalter, einen Teil der großen, weiten Welt kennengelernt haben. Menschen werden angehalten, Afrika zu besuchen, wenn sie aus dem ursprünglichen Europa kommen (das heute Eurasien heißt). Und umgekehrt. Schiffe verkehren von Südamerika nach Asien. Eisenbahnen vom östlichen Eurasien zum westlichen Ende.

Flugzeuge werden kaum noch gebraucht. Am ehesten im Rettungswesen und für dringende Botschaften. Ansonsten hat sich die Welt wieder verlangsamt. Stress und Hektik gelten als zu vermeidende Überreste des kapitalistischen Systems. Die Zeit, die bei einer Reise per Schiff vergeht, wird zum Nachdenken genutzt und kann äußerst produktive Ergebnisse mit sich bringen. Wer auf einem Schiff reist, nimmt nicht einfach eine Dienstleistung in Anspruch – er oder sie hilft selbst mit.

Dabei muss es nicht viel sein. Jeder Mensch hilft nach seinen Fähigkeiten. Und nach seinem Wunsch. Will ein Mensch die Überfahrt zum Beispiel zum Nachdenken oder Meditieren nutzen, vielleicht auch, um ein Buch zu vollenden, dann wird das hoch angerechnet. Zu früheren Zeiten hatte man Ängste, dass dies zu einer Ausbeutung anderer führen würde. Das geht von einem grundkapitalistischen Gefüge aus, dass es nicht mehr gibt. Nichts ist so langweilig wie das Nichtstun. Einige Tage, Wochen, in Einzelfällen auch Jahre mag das Nichtstun funktionieren. Aber irgendwann verspüren die meisten Menschen den Wunsch, sich wieder zu betätigen – in der Gemeinschaft mit anderen. Da sie selbst entscheiden können, wie viel sie tun, brauchen sie nicht *zu befürchten, sich zu überfordern.*

*Natürlich, es passiert schon einmal, dass alle an Bord eines Schiffes zu wenig tun. Wenn niemand bei günstigem Wind die Segel hisst, dann geht die Fahrt nicht voran. Vorräte werden weniger und niemand kommt an, wo er oder sie ankommen möchte. Irgendwann sieht die Besatzung das ein und beginnt wieder zu arbeiten. In der Praxis funktioniert das.*

*Essentiell für unser Leben ist es, viele Dinge zu können. Wir lernen auf unseren Reisen, ein Schiff zu manövrieren, Fahrräder und Fahrradkutschen, die es heutzutage zuhauf gibt, zu reparieren. Fast jede und jeder von uns absolviert eine medizinische Grundausbildung, und wir lernen vor allem, welche landwirtschaftlichen Produkte wir woher bekommen, wie die Pflanzen zu ernten sind und wann.*

*Schiffe, die von Afrika nach Norwegen fahren, bringen nicht nur interessante Menschen, sondern auch Lebensmittel, deren Wert für die nördlichen Regionen unschätzbar hoch ist. Bananen, Gewürze, Kaffee- und Kakaobohnen. Auf der Rückfahrt werden Erze, Getreide und einige verarbeitete Produkte wie Kleidung geschickt.*

*Da Schiffe nicht regelmäßig fahren und Transporte längst nicht so häufig hin und hergehen wie früher, zu Euren Zeiten, muss sorgfältig mit den wertvollen Waren umgegangen werden. Zugegeben, an dieser Stelle haben wir noch Defizite in unserem Gesellschaftssystem. Immer wieder kommt es zum Diebstahl der weitgereisten Waren. Die Gemeinschaftsältesten sind dazu angehalten, die Verteilung der Produkte zu übernehmen. Doch nicht immer sind die Ältesten aufmerksam genug – oder sie bemerken es und verteidigen die Waren nicht genügend. Wichtig ist es, von diesen weitgereisten Waren unabhängig zu sein. Das Leben muss auch ohne sie funktionieren können, da wir nicht wissen, wann die nächste Lieferung kommen wird. Eine Abhängigkeit wie zum Beispiel vom Koffein der Kaffeebohnen kann sich heutzutage ein Mensch, der in nördlichen Regionen lebt, nicht leisten. Aber es ist kein Problem, den Waren hinterherzureisen. Wer Kaffee liebt und ohne eine Tasse Kaffee am Morgen nicht leben kann und will, hat heutzutage keine andere Wahl, als in die südlichen Gefilde auszuwandern.*

*Dass es keine nationalen Grenzen, Zölle und Pässe mehr gibt, macht es einfacher, sich in anderen Regionen einzurichten. Xenophobie, also* die Furcht vor allem, was fremd ist, wird heutzutage schon im Kindesalter verhindert. Durch die dargebotene Vielfalt begreifen Kinder, dass alles Neue und Zugereiste von hohem Wert ist und neue Spiele, spannende Geschichten verspricht. Daher ist es leicht, in fremden Menschengruppen Fuß zu fassen. Noch leichter, wenn man interessante Dinge zu erzählen weiß oder über besondere Begabungen verfügt.

*Diese Welt ist sicher nicht perfekt. Immer wieder werden viele Dinge kritisiert und Menschen denken darüber nach, zu alten Gesellschaftsmodellen zurückzukehren. Verbitterte, enttäuschte Menschen wollen, dass Gesetze ihr Eigentum schützen und den Dieb bestrafen. Doch die Historie belegt, dass es Diebe auch zu Euren Zeiten gegeben hat. Nichts würde besser werden durch Wiedereinführung von Gesetzen.*

Und, ganz ehrlich, ich hätte keine Lust, den Richtenden zu spielen. Niemand könnte mich mehr leiden – und ich hätte weniger Gelegenheit, mit meinen Kindern herumzutollen, die Landschaft zu erkunden oder den kleinen Gemeinschaftsgarten zu bewirtschaften.

*Ich bin zufrieden. Und ich habe nicht das Gefühl, auf Kosten anderer zu leben. Ist das nicht genug?*

*In der Hoffnung, ein wenig von meinem Leben erhellt zu haben und dem einen oder der anderen eine Inspirationsquelle geliefert zu haben, verbleibe ich hochachtungsvoll!*

**Lukas**
**Berlin, August 2110**

[fb]

## Das Buch wird gefunden

„Komm her, das ist spannend", ruft Oxana und wirft sich mit dem kostbaren Fund ins trockene Gras. Sydney lässt den Wasserstoffpresshammer auf den Boden gleiten, wischt sich den Schweiß von der Stirn und setzt sich mit überkreuzten Beinen zu ihr.

„Schau, die vergilbte Zeitung hier ist vom 31. Januar 2010, dann wird das Buch auch aus dieser Zeit stammen."

Ehrfurchtsvoll schlägt sie das altertümliche Buch auf. Beim vorsichtigen Blättern stößt sie hinten auf die Fotos der Autorinnen und Autoren und stutzt:

„Die haben ja alle weiße Hautfarbe", verwundert schaut sie Sydney mit ihren großen runden Augen an. „Ob die alle der weißen Minderheit angehörten?"

Über die Wiese kommt Noel dahergeschlendert, ein Cousin 4. Grades von Oxana.

„Was treibt ihr da, ihr arbeitet ja gar nicht", ruft er den beiden zu.

„Ich wollte euch gerade helfen."

„Komm her, Noel", winkt Sydney ihn heran. „Wir haben ein total interessantes Buch gefunden."

„Ja, es zeigt, wie die Menschen vor etwa 300 Jahren lebten", ruft Oxana und klatscht aufgeregt in die Hände.

Noel wirft seinen langen Körper neben die beiden bäuchlings ins Gras und schaut Oxana über die Schulter.

„Wo habt ihr das Buch her? Ihr habt es gefunden?", fragt er neugierig.

„In dem alten Betonfundament da, das wir abbrechen müssen, damit wir dort bauen können." Ohne den Blick vom Buch zu heben, weist Oxana mit ausgestrecktem Arm in die Richtung eines Schutthaufens.

„Wir haben auch keine Ahnung, wieso das da drin war."
„Ach, ich kann mir denken, weshalb", wirft Noel ein. „Es ist eben gut, wenn man einen Bruder hat, der Geschichte an der Uni lehrt. Ich weiß, dass die Menschen früher bei der Grundsteinlegung Dinge mit einbetoniert haben, die ihnen wichtig waren und die Zeugnis vom Leben der Zeit ablegten. Sie packten auch immer aktuelle Tageszeitungen mit rein."
„Ja, so eine Zeitung ist hier", Sydney reicht ihm den Stoß vergilbten Papiers.

Oxana und Sydney werden kein Haus aus Beton bauen. Heute wird mit Holz gebaut. In mehreren Schichten neben- und übereinander, über Hohlräumen und, damit das Holz arbeiten kann, mit Stiften aus Hartholz verbunden. An bestimmten Stellen werden die Hohlräume mit einem Gemisch aus Kunststoff- und Humusspänen gefüllt. Durch das Öffnen und Schließen der Lüftungsklappen werden der Luftzug und damit die Temperatur reguliert. So benötigt man weder Heizung noch Klimaanlage. Ein Prinzip, das die Menschen durch genaues Studium von Termitenhügeln entdeckt und übernommen haben.

Energie, die Oxana und Sydney zum Kochen, Erwärmen des Wassers aus dem Tiefbrunnen, für Licht, für ihre Computer und das Bildtelefon brauchen, werden sie durch Solarblätter, die am Haus befestigt sind und die sich den ganzen Tag in Richtung Sonne drehen, gewinnen. Arktischer Mohn hat es den Menschen vorgemacht.

Heute tun die Menschen alles, um die Artenvielfalt der Pflanzen und Tiere zu bewahren. Nach vielen Irrjahren hatten die Menschen endlich begriffen, dass die Evolution viele Wege gehen kann und wie nützlich ihnen das Studium der Lebewesen ist, die außer ihnen den Planeten Erde bewohnen. Die Menschen sehen sich noch in den Anfängen dieses Studiums. Doch das, was sie schon erfahren haben, nötigt ihnen großen, ja allergrößten Respekt ab.

„Was meinen die denn mit ‚Bio?'", Oxana schaut Noel fragend an.
„Lass mal überlegen … Hmm. Ganz sicher bin ich mir nicht, aber ich glaube, früher haben die Menschen ihre Pflanzen mit che-

mischen Mitteln besprüht, um maximale Erträge rausholen zu können. Sie selbst haben sich dadurch Schäden zugefügt. Und dann kam die Bio-Wende und es wurde wieder normal angebaut."

„Das kann ich mir nicht vorstellen", ungläubig schaut Sydney Noel an, „so dumm können die Menschen doch nicht gewesen sein, sich selbst Schaden zuzufügen."

„Wir fragen meinen Bruder", Noel schaut unsicher. „Er kann uns das genau erklären. Mir kommt es selbst ein bisschen komisch vor."

Sydney und Oxana werden, wenn das Haus fertig ist, wie alle Menschen ihren eigenen kleinen Obst- und Gemüsegarten zur Selbstversorgung anlegen. Das ist sogar eine soziale Pflicht, von der nur alte und kranke Menschen befreit sind. So behalten die Menschen Achtung vor einfachen Tätigkeiten, vor der Natur, und die Unterbrechung ihrer eigentlichen Arbeit gibt ihnen Gelegenheit zur Selbstbesinnung. Jeder baut an, wozu er Lust hat und was das Klima hergibt. Das was man nicht selbst anbaut, wird mit den Nachbarn getauscht oder dem örtlichen Warenzentrum entnommen.

Vor dem Haus wird neben anderen Bäumen, Sträuchern, Blumen, Gräsern und dem kleinen Gemüsegarten ein Baum mit künstlichen Blättern stehen, der zusätzlich zu den Solarblättern Energie liefert. Die künstlichen Blätter werden Wasserstoff produzieren. Es hat lange gedauert, bis dieses trickreiche Verfahren ausgereift war, mit dessen Entwicklung schon 2009 begonnen worden war. Wasser ist auf der Erde reichlich vorhanden und so ist Wasserstoff heute die Hauptenergiequelle.

„Ich verstehe das nicht", fragend schaut Oxana zu Sydney. „Es gab schon Kaffee, aber die Kaffeebauern waren arm?"

Falten bilden sich auf ihrer Stirn während sie weiter liest.

„Und hier: Warum wollten die Menschen unbedingt in den kalten Norden? Sie riskierten ihr Leben dafür ..."

Fragend schaut sie von Sydney zu Noel und wieder zurück.

„Ja, das war wohl so", erklärt Noel, „damals gab es doch noch das Geld und die Menschen der reichen Länder bezahlten nur wenig für die Dinge, die aus den südlichen Regionen kamen. Das war eine Ungerechtigkeit, die ihren Ursprung zu Zeiten der Koloniali-

sierung hatte und jahrhundertelang nicht beseitigt wurde."
„Ach ja, das Geld! Deshalb ist in diesem Buch auch so oft die Rede von ‚Kaufen' und ‚Konsum' ...", kopfschüttelnd blättert Sydney die Seiten um.
„Hatten die Menschen denn keine anderen Werte?"
„Wohl schon", zwinkert Noel verschmitzt, „so wie es hier klingt, hatten die Autoren jedenfalls Spaß am Schreiben. Schaut doch mal die ‚Ode an die Banane'!"
Grinsend sieht er die beiden an.

„Und hier", Oxana tippt aufgeregt auf eine Stelle des Buches, „,Containern'. Die haben offensichtlich nutzbare Dinge weggeworfen und unnötigen Müll produziert. Und den haben sie dann nicht mal in den Bakterientanks ihrer Fahrzeuge verwertet? Welche Energieverschwendung!"
Sydney streicht eine vorwitzige Strähne aus seiner Stirn.
„Schaut mal diesen Text hier, ‚Feierabend'. Wieso geht dieser Mensch allein nach Hause? Hat er nicht mit seinen Freundinnen und Freunden zusammen Feierabend gemacht? Und fertiges Essen auf der Straße kaufen und dann allein essen..., das kommt mir sehr einsam vor."
Energisch schüttelt er den Kopf und die Strähne rutscht ihm wieder über die Augen.

# Rückkehr

Oxana und Sydney hatten lange überlegt, in welchem Dorf sie bauen sollten. Beide gehören verschiedensten Sozialstrukturen an: Familie mütterlicherseits, Familie väterlicherseits, Sydney auch der Familie seiner Tante, weil er bei ihr aufwuchs (Sydneys Mutter arbeitet als Polarforscherin und ist oft monatelang nicht zu Hause), Bund der Zwillingskinder (Oxana hat eine Zwillingsschwester), den jeweiligen Sozialverbänden ihrer Geburtsorte und der Muttersprache, Sydney als Maler, im Verband der Landschaftsmalerinnen und -maler, Oxana als Mathematikerin der Fachrichtung Algebra dem Verein der Algebraistinnen und Algebraisten.

Jeder Verband hat sich zentral in einem Dorf angesiedelt. So hätte es viele mögliche Orte für ihren geplanten Hausbau gegeben. Sie hätten auch in den Dörfern ihrer Freunde bauen können. Oder in den Dörfern, in denen Menschen wohnen, mit denen sie die gleichen Hobbys teilen.

Doch dann kam die große Chance. Im Dorf von Oxanas Familie väterlicherseits wurde ein Platz freigegeben. Der Dorfrat tagte, beschloss und sie bekamen die Möglichkeit, unter afrikanischer Sonne zu bauen.

Der Wohnort spielt für die sozialen Beziehungen eigentlich keine große Rolle. Dank der superleichten Flugzeuge aus Faserverbundleichtbau und Kunstharz, die den Magnetismus der Erde und Luftströmungen so energiegewinnend ausnutzen, dass kaum zusätzliche Energie nötig ist, kann man heutzutage ökologisch problemlos um die Welt reisen. Die meisten Menschen mögen es aber etwas gemächlicher, reisen mit einem Solarboot und nutzen lieber die gewonnene Zeit zum Lesen, zum Nachdenken und zur Selbstbesinnung.

Aber hier an diesem Ort will jeder gern bauen. Das liegt schon an den Schätzen, und nicht nur den unterirdischen, die das Land bietet. Edler Tee und Kaffee gedeihen hier, das Land ist gesegnet mit einer Fülle verschiedenartigster Früchte und Gewürzkräuter.

Doch das allein ist nicht der Grund. Die Menschen hier sind von bemerkenswerter Fröhlichkeit und außergewöhnlichem Sozialsinn. In allen Teilen der Erde bemüht man sich, einen ebenso hohen Standard an menschlicher Wärme und sozialem Miteinander zu erreichen.

Menschen, der nördlicheren Regionen hoffen, wenigstens eine der begehrten Sonnenkuren auf dem afrikanischen Kontinent verbringen zu dürfen. Haben sie das Glück, unter den Auserwählten zu sein, tragen sie anschließend die heitere Stimmung und den Optimismus in ihre Heimatregionen zurück. Depressionen, Suizide und Alkoholismus sind selten geworden.

Noel, in seiner unerschütterlichen Art, redet auf die beiden ein: „So wie ich das hier verstehe, sind die Autorinnen mit den Zuständen gar nicht einverstanden und wollen sie verändern."
„Also so eine Art Aktivistinnen?", Sydney sieht ihn fragend an.
„Vielleicht", antwortet Noel achselzuckend. „Wir sollten das Buch meinem Bruder zeigen. Vielleicht ist es ja geschichtlich wertvoll. Außerdem kann er uns viel mehr über diese Zeit erzählen und uns ein paar Fragen beantworten. Ich glaube, er wird begeistert sein von diesem Fund."
„Es sind auch Autoren darunter, nicht nur Frauen", unterbricht Oxana, „aber es ist wie bei uns heute. Meist sind die Frauen die Vorreiter", plappert sie. Und schnell, als sie bemerkt, dass sie die beiden gekränkt hat, fügt sie hinzu: „Apropos Bruder, mein Bruder kocht heute. Ich soll euch sagen, wir sind nachher zum Essen bei ihm eingeladen."

[Carola]

# Worüber wir nicht berichtet haben

*Wir haben eingesehen, dass wir nicht über alle Missstände in der Welt berichten können. Deshalb mussten wir uns beschränken. Hier seht Ihr einige Themen, die uns an den Herzen lagen, aber nicht mehr den Weg ins Buch schafften. Wenn Euch etwas interessiert, recherchiert doch selbst ein bisschen:*

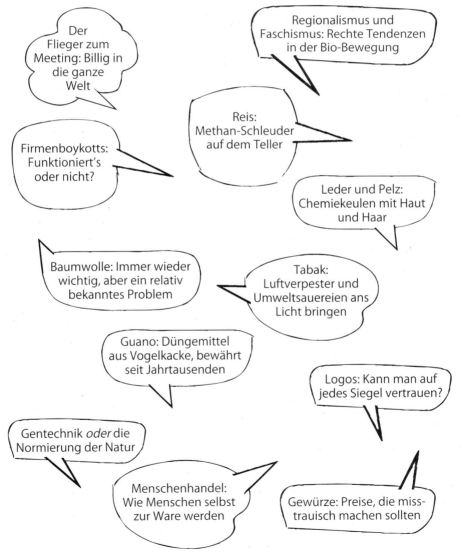

- Der Flieger zum Meeting: Billig in die ganze Welt
- Regionalismus und Faschismus: Rechte Tendenzen in der Bio-Bewegung
- Firmenboykotts: Funktioniert's oder nicht?
- Reis: Methan-Schleuder auf dem Teller
- Leder und Pelz: Chemiekeulen mit Haut und Haar
- Baumwolle: Immer wieder wichtig, aber ein relativ bekanntes Problem
- Tabak: Luftverpester und Umweltsauereien ans Licht bringen
- Guano: Düngemittel aus Vogelkacke, bewährt seit Jahrtausenden
- Logos: Kann man auf jedes Siegel vertrauen?
- Gentechnik *oder* die Normierung der Natur
- Menschenhandel: Wie Menschen selbst zur Ware werden
- Gewürze: Preise, die misstrauisch machen sollten

# Über uns

*Nun habt Ihr gelesen, was unser kleines Redaktionsteam im Laufe von zwei kreativen Jahren zusammengeschustert hat. Das ging, wie Ihr Euch denken könnt, nicht ohne Reibereien ab, war aber auch anregend. Die Erfahrungen, die wir in der Schreibgruppe gemacht haben, werden uns ein Leben lang begleiten.*

*Zu uns allen ist noch einmal zu sagen, dass wir in dem Raum leben, in dem man automatisch und ungefragt die deutsche Staatsbürgerschaft erhält. Unsere Hautfarben sind zwar nicht identisch, aber wir sind alle ganz schön blass. Warum uns diese Erklärung wichtig ist? Weil wir aus einer bestimmten Perspektive schreiben. So sehr wir auch versuchen mögen, uns in die Köpfe asiatischer Arbeiterinnen nach einem 18-Stunden-Tag oder in einen Asylbewerber aus Westafrika hineinzudenken: Wir bleiben „weiße EuropäerInnen" und können uns nie ganz von den sozialen und moralischen Vorstellungen derselben freimachen. Aber, versprochen, wir haben's versucht ...*

*Katharina von Szombathely, 21, Spitzname Kim, wohnt seit einem Jahr in Berlin.*

[kim]

Gebremst in der Schule durch schlechte Aufsatznoten, habe ich durch die Schreibgruppe wieder gemerkt, dass mir Schreiben Spaß macht und dass ich viele Gedanken habe, die mir es wert sind, sie aufzuschreiben. Letztendlich ist zwar nur ein Text von mir im Buch gelandet, auf diesen Seiten steckt aber sicher noch mehr von mir, als nur dieser Text. Nach diesem Buchprojekt werde ich auf jeden Fall noch weiter schreiben und ich kann nur jeder und jedem, die auch etwas zu sagen hat, empfehlen, es aufzuschreiben und sich anderen mitzuteilen.

Ich fotografiere gerne, gehe gerade ein zweites Mal zur Schule, um mein Abitur zu erwerben und denke viel über allerlei Dinge nach, die in meinen Augen gerade schief laufen, und welche Möglichkeiten es gibt, diese zu verändern.

Auf Kaffee und viele andere weitgereiste Waren kann ich übrigens recht schmerzfrei verzichten, aber ohne eine saftige Ananas ab und zu geht es nicht, selbst wenn ich wollte ...

*Tanja (31 Jahre alt) über sich selbst:*

Ich wohne seit Anfang 2009 in Berlin, mitten im Kreuzberg-Trubel. Zuvor wohnte ich im windigen Hamburg, wo ich Diplompädagogik studierte. Warum ich schreibe? Weil beim Schreiben die (zu komplexe) Umwelt in einen überschaubaren Rahmen gepresst und beliebig zurechtgebogen werden kann – wie angenehm. Am liebsten schreibe ich übrigens satirische Texte. Aber nun kommt trotzdem noch ein ironiefreier Satz am Ende: Ich glaube, dass es um diese Welt schlecht bestellt ist und dass man da was gegen tun sollte. Daher auch die Begeisterung für dieses Buchprojekt.

[T.W.]

*Carola, Berlinerin von Geburt an, leidenschaftliche Mami und mamie, Afrika-begeistert, knackt gern knifflige Computerprobleme und schreibt täglich Morgenseiten, 52 Jahre alt.*

[Carola]

Aus einer Schreibübung: Wenn Du eine Frucht wärst, welche wärst Du und warum? *Carola schrieb:*
Dick und rund und runzlig, aber immer noch süß im Geschmack, so ist die Feige. Damit kann ich mich gut identifizieren. Sie ist nicht mehr jung und frisch und knackig, sondern hat das, was sie an Farbe verloren hat, an runzligen Falten hinzubekommen. Sie ist ja schon etwas älter. Damit auch weiser? Auf jeden Fall hat die Erfahrung manche Kerbe in ihrer Schale hinterlassen.

*Espi*

1
Seit 1981 im Leben, seit 2007 von Berlin geschluckt. – Die Rahmendaten: Kein Superheld. Klare Sache: ökologischer Alltag (mit Schrammen). Kochkünstler (Sachtexte, Salate). Kleine Widersprüche (auf Anfrage). Konsumfern (Klamotten, Statussymbole), konsumfixiert (Bücher, Filme, Musik). Kann ohne Ingwer und Laufschuhe nicht leben.

2
- Kann sich eine Welt vorstellen, in der Menschen sich auf Augenhöhe begegnen, in der auf Basis von Gleichberechtigung konsumiert und produziert wird.
- Kann es nicht leiden, wenn von Menschen erwartet wird, alles anders zu machen, alles aus dem eigenen Lebensentwurf zu verbannen, was nicht politisch-korrekt ist. Kein Wandel ohne Widerspruch: Wichtig ist ihm, dass die Richtung stimmt. „Keine Angst vor Zwergenschritten. Kleine Veränderungen schieben die größeren an."

Der Mensch „hinter den Mails":

Lange Zeit schien er kaum am Projekt beteiligt, doch mit Rat und Tat per Mail war er doch dabei. Jeder Text wurde seinen kritischen Blicken unterworfen. Und wenn ihm etwas nicht gefiel, dann hatte das nach eingehender Betrachtung oft gute Gründe.

Zu guter Letzt hat er (mit viel Fingerspitzengefühl) dem Buch den letzten (optischen) Schliff verpasst, den es gebraucht hat.

Thomas hat bereits bei der Erstellung einiger Bücher und Hefte (z.B. „Befreiung hört nicht beim Menschen auf", „Strafanstalt" und „antarktika #2") sein Layouttalent bewiesen. Verträgt nach eigener Aussage keinen Kuchen ohne Schokolade.

[fb] interessiert sich für alles, was lebt.

Liebt es, kleine, große, menschliche und nicht-menschliche Tiere zu beobachten. Und deshalb hat [fb] schon vor 20 Jahren aufgehört, sie zu essen.

[fb] mag Natur und Kunst, kennt den Unterschied zwischen beiden aber nicht. Ist voll von Technikkritik – und setzt Hoffnungen auf neue Technologien.

[fb] würde verdammt gern die ganze Welt ändern – und möchte doch, dass Menschen selbst entscheiden, was sie ändern wollen.

[fb] hat vor 22 Jahren das Schreiben gelernt und seitdem nicht mehr

aufgehört. In Buchprojekten wie „Mensch Macht Tier", „Befreiung hört nicht beim Menschen auf", „Wie der Affe Hermes aus dem Labor entkam" übt sie sich ebenso wie im Schreiben von Artikeln für Zeitschriften. So schreibt [fb] im Magazin „tierbefreiung aktuell" mit.

In keinem Buchprojekt fühlte sich [fb] so zerrissen und unwissend wie in diesem. Richtig und falsch verschwammen mehr und mehr. Deshalb hat [fb] es sich zum Ziel gemacht, ihre Unwissenheit weiterzugeben: „Wer nach der Lektüre dieses Buches klarer sieht, hat die Texte nicht verstanden."

[fb] hat einen Pass, der auf „Franziska Brunn" lautet.

*Rolf – leidenschaftlicher Papa, Musiker, Schreiberling und Clown*

Er hat dafür gesorgt, dass wir wirklich eine Schreibgruppe wurden. Durch seinen postgradualen Studiengang „Biografisches und Kreatives Schreiben" hat er viel Wissen einbringen können zur Gestaltung der Gruppenarbeit und zu konkreten kreativitätssteigernden Übungen. Er hat einen guten Blick für die zwischenmenschlichen Dynamiken in der Gruppe und konnte uns vermitteln, die Unterschiedlichkeit der Beteiligten zu nutzen. Sein größter Beitrag war das unbarmherzige Bestehen auf der Einhaltung von Feedback-Regeln.

Danke, Rolf, für Dein Talent, fehlgeleitete Kommunikation wieder in die richtigen Bahnen zu lenken!

*Einen herzlichen Dank auch an all jene, die nicht oder nur zeitweilig Teil der Gruppe waren und uns direkt mit Textbeiträgen oder indirekt mit ihrer Diskussionsfreude zur Seite standen.*

*Danke insbesondere an Janine, Finn, Tjona, Anja, Rike, Shankar, Ute, Sebastian, Ralf, Falk, Gino, Laura, Aiyana, Katarina, Marie, Esther und Pierro!*

# Schreib, Gruppe, schreib!

Dieses Buchprojekt wurde von einer Schreibgruppe begleitet. Einmal pro Woche trafen wir uns. Und wozu?

Einerseits ging es darum, Methoden des kreativen Schreibens kennenzulernen und auszuprobieren. Übungen sollten helfen, neue Ideen für Texte zu finden oder Schreibblockaden abzubauen. Dabei ging es nicht darum, perfekt und veröffentlichungsreif zu formulieren, sondern einen Einstieg zu finden. Daher haben wir meistens mit Übungen angefangen – um warm zu werden und Kreativität zu wecken.

Die Schreibgruppe war auch ein Raum, in dem wir uns inhaltlich auseinandergesetzt haben, z.B. über die Frage: Wen wollen wir erreichen, an wen ist das Buch adressiert? Das war sehr zentral, denn von dieser Klärung ist abhängig, welche Sprache in den Texten verwendet wird, wie viel vorausgesetzt oder genau erklärt wird.

Einen Schwerpunkt bildete die Arbeit an den Texten, die für das Buchprojekt geschrieben wurden. Sie wurden vorgetragen, und darauf folgte eine Runde mit Rückmeldungen. Daran gekoppelt war ein Austausch darüber, was wir als „gutes" Feedback wahrnehmen. Es sollte – kurz gesagt – von einer wohlwollenden Haltung gegenüber den Schreibenden geprägt, konstruktiv und ehrlich sein. Im Verlauf einigten wir uns darauf, dass die Autorin vorher formulieren kann, worauf die anderen ihr Augenmerk legen sollen und worauf nicht. Zudem konnte die jeweilige Autorin am Ende der Runden mitteilen, wie es ihr mit den Rückmeldungen geht.

### *Was bringt eine Schreibgruppe?*

Das ist nicht pauschal zu beantworten. Gestützt auf die Erfahrungen unserer Schreibgruppe sehen wir positive Ansätze und Chancen:

- In der Schreibgruppe können die Beteiligten Anregungen und Ideen erhalten, die im „stillen Kämmerlein" nicht entstehen würden.
- Rückmeldungen können helfen, Vertrauen in die eigenen Stärken zu gewinnen oder Hinweise zu bekommen, wie ein Text

weiterentwickelt werden kann.
- Eine Schreibgruppe, die sich regelmäßig trifft, kann den einzelnen helfen, Kontinuität ins Schreiben zu bringen.
- Eine Schreibgruppe kann auch dazu beitragen, dass ein Buchprojekt nicht darin besteht, dass alle isoliert voneinander ihre Texten abliefern – ohne Austausch, Diskussion ...

Gleichzeitig sehen wir einige Probleme, die sich in einer Schreibgruppe herausbilden können und ihrem eigentlichen Zweck zuwiderlaufen:

- Für Menschen, die es besonders unangenehm finden, Texte in der Gruppe zu besprechen, können neue Hemmungen entstehen.
- Durch hartes Feedback kann Schreibenden die Lust genommen werden, an ihren Texten zu bleiben. Ängste können verstärkt werden.
- Rückmeldungen sind oft ein Spagat und können dahingehend kippen, dass die Ehrlichkeit der Diplomatie geopfert wird (z.B. wenn mensch grundsätzliche Kritik an einem Text hat).
- Wenn die Erwärmungsübungen vorgetragen werden, kann sich Konkurrenz- und Leistungsdenken einschleichen.

Es ist wichtig, gemeinsam über diese Gefahren nachzudenken und nach Lösungen zu suchen. Ansonsten kann eine Schreibgruppe – schlimmstenfalls – ein Ort werden, der Schreibimpulse verjagt.

Wenn das Zusammenwirken von Reflexion und einer freundschaftlichen Grundhaltung getragen ist, kann eine Schreibgruppe sehr viel Spaß machen. Allen, die jetzt vages Interesse verspüren, können wir nur raten, es einfach auszuprobieren. Und selbst zu prüfen, ob Euch eine Schreibgruppe zusagt.

### *Übungen*

Zum Abschluss wollen wir noch ein paar Übungen vorstellen, die uns begeistert haben.

### *1) Begriff trifft Gedicht*

- Schreibt drei Begriffe zu einem Thema auf, über das Ihr schreiben wollt.
- Schreibt ein „Elfchen" und bringt einen der Begriffe unter. Ein

Elfchen ist ein Gedicht aus elf Worten mit 5 Zeilen – in der ersten Zeile 1 Wort, dann 2, 3, 4 und zum Schluss wieder 1 Wort.
- Schreibt ein „Schneeball"-Gedicht, wieder zu einem Begriff. Die Struktur: 7 Zeilen insgesamt, erst 1, 2, 3, 4, 3, 2 und dann 1 Wort ...
- Schreibt mit dem letzten Begriff ein „Haiku" – das ist ein japanisches Kurzgedicht, das exakt 17 Silben enthält und meist auf drei Zeilen aufgeteilt ist.

*2) Akrostichon und Geschichte*

- Sucht einen Begriff und schreibt dessen Buchstaben untereinander auf ein Blatt.
- Schreibt Worte auf, die Euch zu diesem Begriff spontan einfallen und die den passenden Anfangsbuchstaben haben.
- Anschließend nehmt Euch 10 Minuten (oder länger ...), um eine Geschichte zu schreiben, in der alle Begriffe vorkommen.

*3) Gruppe schreibt Gedicht*

Diese Übung hat in unserer Schreibgruppe für viel Spaß gesorgt – und die Ergebnisse waren gut!

- Alle Beteiligten nehmen sich einen Zettel.
- Schreibt die 1. und 3. Zeile auf Euren Zettel, dann wandert der Zettel im Uhrzeigersinn weiter.
- In der folgenden Runde werden die 2. und 4. Zeile verfasst, die sich auf die 1. bzw. 3. Zeile reimen sollen – und dann weitergeben.
- Und so weiter, bis ein fertiges Gedicht entsteht ...

# Haiku

Wir sitzen hier ganz still,
der Heizkörper summt,
kreativ sein das Ziel.

*Schneeball*

Genuss
Weihnachten ist's
Weihnachtsmärkte verströmen Düfte
Keiner kann ihnen widerstehen
Ich kaufe Naschwerk
nachher Verdruss
Schwäche

## *Akrostichon*

**K**aufen Sie hier,
**O**hne Stress,
**n**ützlich und billig.
**S**hopping macht Spaß!
**U**nser Kunde ist Kaiser
**m**it neuen Kleidern.

*Elfchen*

Müde
zu früh
noch nicht wach
ich soll kreativ sein
Kaffee

*Gemeinsames Gedicht*

Eine Schlange windet sich hervor,
und schleppt Exotik in mein Ohr.
Es scheppert Krach wie vom Basar,
auf dem ich im Urlaub einkaufen war.
…

# Rezensionen

*Hanna Poddig (2009):* **Radikal mutig – Meine Anleitung zum Anderssein.** *Rotbuch Verlag; ISBN 978-3-86789-085-4*

Was hat eine Biographie hier zu suchen? Noch dazu von einer so jungen Frau? Es geht doch um Konsumpolitik?!

Hanna lebt eben anders. Sie verbringt ihre Zeit nicht wie die „Durchschnittsbürgerin", sie nimmt eine Vollzeitberufstätigkeit nicht einfach hin und sie konsumiert auch auf sehr untypische Weise.

Anhand ihres persönlichen Berichts werden politische Inhalte wie „Gegen Atomkraft", „Für Schwarzfahren" und „Keinen Billigkram kaufen" ihren abstrakten Forderungen enthoben und mit Leben gefüllt.

Hanna beschreibt, dass „Anderssein" im Alltag möglich ist, und scheut sich nicht, auch die Grenzen dessen zu nennen. Es ist ein Politbuch mit menschlichem Antlitz. LeserInnen erfahren etwas über Containern, die Anti-Atomkraft, Veganismus, Antimilitarismus und Antirepressionsarbeit. Manchmal wirkt das ein wenig verzettelt, aber so ist das nun mal im Leben. Die Szenen aus Hannas Leben bieten einen guten und leichtverständlichen Überblick in links- und alltagspolitische Themen.

Gibt's auch Kritik? Ja, das Buch kommt an einigen Stellen ein wenig ichbezogen herüber und stilisiert Hanna zur Heldin, die sie nicht ist und sicher auch nicht sein will. Vielleicht ein Zugeständnis an den überschwemmten Büchermarkt? Bei den LeserInnen könnte jedenfalls der Eindruck entstehen: „Hey, das ist eine vereinzelte Superwoman, die es schafft, so rundum konsequent zu leben!"

Aber so ist das ja nicht. Dabei wäre dieser Punkt wichtig gewesen, geht nur leider mit Bildunterschriften wie „Ich und meine Mitstreiter_innen …" verloren. Es sind viele, die es schaffen, wenigstens ein Stück Anderssein zu realisieren. Es funktioniert nicht nur bei Hanna.

Ansonsten aber ein schönes Buch zum Einstieg ins „Anderssein". [fb]

*Barsig, Becker, Hoffmann, Rubelt (Hrsg.) (2005):* **Wasser – Waffe, Ware, Menschenrecht?** *oekom verlag; ISBN 978-3-86581-009-0*

„1,5 Milliarden Menschen haben keinen Zugang zu sauberem Trinkwasser. 2,5 Milliarden Menschen sind nicht an ein Abwassernetz angeschlossen; 8 Millionen Menschen sterben jährlich an verschmutztem Trinkwasser." Mit diesen Zahlen und den sich darin spiegelnden Wirklichkeiten startet „Wasser – Waffe, Ware, Menschenrecht?" Das Buch dokumentiert eine 2005 in Berlin durchgeführte Tagung, auf der sich Wissenschaftler, Gewerkschafter und Umweltschützer mit den Möglichkeiten einer gerechten Wasserwirtschaft auseinandergesetzt haben. Das Buch setzt sich kritisch mit Privatisierungstendenzen im Wassersektor auseinander. Erschreckend deutlich wird, dass die EU – zufällig auch Heimstätte von drei großen Wasserkonzernen – Druck auf so genannte Entwicklungsländer ausübt, ihr Wasser zu „verscherbeln". Die Zitate aus dem im Buch abgedruckten Sendemanuskript des auf ARD ausgestrahlten Monitor-Beitrages „‚Blaues  Gold' – Krieg ums Trinkwasser" klingen wie eine moderne Variante von „Pistole auf die Brust". So fordert die EU in einem internen Papier von Kenia: „Vollständige Marktöffnung. Keine Zugangsbeschränkungen für Unternehmen."

Viele der Beiträge machen deutlich: Wasser ist ein umkämpftes Gut. Der steigende Wasserverbrauch in der Landwirtschaft, aber auch in der mikroelektronischen Industrie, zieht Konkurrenz um Wasser nach sich. Wirtschaftliche Interessen stehen immer öfter gegen das Grundbedürfnis nach Wasser. Von diesem Konflikten ist in unserem Alltag wenig zu spüren, obwohl dieser von Beispielen für Wasser-Ungerechtigkeit durchzogen ist: Anschaulich zeigt einer der Tagungsbeiträge, dass und wieso für die Herstellung von Mikrochips, die z.B für Computer, Camcorder oder Handys verwendet werden, so viel Wasser verbraucht wird. Der Autor plädiert für ein intelligentes Recycling von Computern u.ä. Geräten. Leider wenden sich nur wenige der Texte so direkt an Otto- und Anna-„Normalkonsument". Wenn im Buch Forderungen erhoben werden, so richten sich diese vor allem an staatliche oder städtische Regierungen. Nicht dass das an sich schlecht ist, nur: Was soll der engagierte Verbraucher damit anfangen? In dieser Hinsicht versöhnlich stimmt der Schlussbeitrag „WASsERDENKEN": Am Beispiel Berlins zeigt Hartwig Berger auf, welche Möglichkeiten auf kommunaler, aber auch auf persönlicher Ebene bestehen, bewusster mit Wasser umzugehen. Hartwig schlägt vor, den Fleischkonsum zu senken, maßvoll mit Kleidung umzugehen und regional hergestellte Lebensmittel zu konsumieren.

Fazit: Das Buch liefert viele und wichtige Fakten, und es deutet grob Entwicklungsmöglichkeiten an, z.B. Dezentralisierung oder Wasser-Wiederverwertung auf hohem Niveau. Wer sich einem wassergerechten Alltag annähern will, kann in diesem Buch erste Ansätze finden, wie ein wassergerechter Alltag aussehen könnte.

[sp]

Brand, Lösch, Thimmel (Hrsg.) (2007): **ABC der Alternativen**. VSA-Verlag; ISBN 978-3-89965-247-5

Wer schon immer mal nachschlagen wollte, was genau „Ziviler Ungehorsam" meint, was Grundzüge der „Globalisierungskritik" sind und was die „Queer"-Bewegung eigentlich will, ist hier richtig. 126 Stichwörter zu alternativen Bewegungen und Begriffen sollen eine einführende Erklärung und Quellen zum Weiterlesen bieten.

Schade daran ist, dass kein Versuch unternommen wird, die Begriffe zunächst neutral zu erklären, sondern politisch stark gefärbte Erklärungen kommen, die an einigen Stellen zu kurz greifen. Zu „Fair Trade" finden sich beispielsweise folgende Anmerkungen:

„Fairer Handel hat mittlerweile [...] einen Siegeszug angetreten."
Das ist bei einem Marktanteil von etwas mehr als 1 % reiner Hohn. Dann wird weiter darüber gesprochen, dass in den letzten 10 Jahren ebenso viele KaffeebäuerInnen ihre „Existenz" verloren wie zuvor – trotz Fair Trade Produkten. Wie soll sich das bei 1 % auch ändern?!
Weiter heißt es: „Auch im Bundestag wird Gepa-Kaffee getrunken, eine faire Handelspolitik betreibt er dadurch nicht."
Das ist sicher richtig, aber soll es darum gehen? Fair Trade kann nicht allein die Welt retten. Hat das jemand behauptet?
Ich hätte unter dem Eintrag „Fair Trade" eher eine Erklärung der verschiedenen Siegel erwartet. Gepa, TransFair etc. Was sind die Unterschiede, wo genau wird damit Schindluder betrieben?
Ob ich mich schon alternativ fühle, wenn ich einfach nur Fair Trade-Produkte kaufe, hat in einem solchen Eintrag doch erst mal nichts zu suchen. Sicher handelt es sich um ein Lexikon mit politischem Anspruch. Und Gedanken anstoßen ist auch gut. Aber Sachverhalte komplett für die LeserInnen vorbewerten – das geht für mich zu weit. Ich habe einen eigenen Kopf zum Denken.
Viele Begriffe sind gut und verständlich erklärt. Andere Begriffe wieder sind so kompliziert erklärt, dass ich schon für den ersten Satz ein Fremdwörterlexikon benötige. Hier ist eine (gewollte) Inhomogenität im Buch zu erkennen. Richtet es sich nun an „politisch Fortgeschrittene" oder an „AnfängerInnen"? Vielleicht ist das auch gar nicht wichtig. Vielleicht soll jede und jeder sich das heraussuchen, was ihn oder sie interessiert. Und wenn es hier zu kompliziert erklärt ist, dann gibt es ja immer noch „Wikipedia" …

[fb]

*Hans-Ulrich Grimm (2007):* **Katzen würden Mäuse kaufen – Schwarzbuch Tierfutter.** *Deuticke im Zsolnay Verlag; ISBN 978-3-55206-049-4*

Hans-Ulrich Grimm hat sich in mehreren Büchern mit den Wirrungen menschlicher Ernährungsgewohnheiten beschäftigt und Lebensmittelskandale aufgearbeitet. In „Katzen würden Mäuse kaufen" wendet er sich dem Komplex Tierfutter zu, wobei er sowohl sogenannte „Haustiere" als auch „Nutztiere" mit einbezieht.

Das Buch behandelt Herkunft und Herstellung von Tierfutter. Es beschäftigt sich mit den gesundheitlichen Auswirkungen „normalen" Tierfutters, beschreibt Krankheiten, die aus Fehlernährung resultieren (manche von ihnen sind auf den Menschen übertragbar). Und nicht zuletzt werden die Vermarktungsstrategien der Tierfutterindustrie analysiert.

Grimm interviewt Menschen, die mit der Futtermittelindustrie in Verbindung stehen, er spricht mit Tierärzten, besucht Abdeckereien und die aufgeräumten Firmensitze der Tierfutterkonzerne.

Positiv fällt auf, dass Grimm immer wieder das Mensch-Tier-Verhältnis mit einbezieht. Er zeigt auf, dass Menschen dazu neigen, ihre eigenen Bedürfnisse auf ihnen nahe stehende Haustiere übertragen – zu deren Nachteil. Tiere bekommen Nahrungsmittel, die sie von sich aus nicht essen würden – und die für sie sogar schädlich sind.

Die Vermenschlichung von Katzen oder Hunden wird von der Tierfutterindustrie aufgegriffen, was sich im Marketing der Produkte widerspiegelt. So suggerieren „Gourmet-Häppchen für Hunde" Genuss und besondere Qualität – faktisch handelt es sich um Schlachthofabfälle.

Bei der Fütterung von Nutztieren stehen wirtschaftliche Interessen im Vordergrund. Um z.B. ein schnelleres Wachstum zu erreichen, werden Kühe mit Getreide und Soja gefüttert, obwohl sie beides eigentlich nicht gut verdauen können. „Aroma hilft, die natürliche Ekelschwelle zu überlisten", schreibt Grimm.

Fazit: „Katzen würden Mäuse kaufen" bietet einen umfassend Einblick in die Tierfutterindustrie. Das Buch bleibt trotz vieler Sachinformationen verständlich und leicht lesbar – auch wenn die beschriebenen Abläufe innerhalb der Tierfutterindustrie ein gruseliges Gefühl hinterlassen. Neben eigenen Recherchen bezieht sich Grimm auf viele Studien. Schade ist dabei, dass oftmals unzureichende weiterführende (Quellen-)Angaben gemacht werden. Dadurch wird das eigene Recherchieren unnötig erschwert. Ansonsten ein sehr gutes Buch.

[thomas]

**Geist, Heller, Waluye (2004): Rauchopfer.** Horlemann Verlag; ISBN 978-3-89502-181-7

„Rauchopfer sind die Menschen in Ihrem Land, in unserem Land, alle Raucher sind Opfer. Opfer ist die gesamte Gesellschaft. Opfer ist die Natur."
So äußert sich ein Professor der Uni Heidelberg gegenüber John Waluye, einem Mitinitiator des Buchs und des gleichnamigen Filmprojekts. Waluye beschäftigt sich seit vielen Jahren mit den sozialen und ökologischen Folgen des Tabakanbaus.

Das Buch geht auf Marketingstrategien von Tabakkonzernen ein, zeigt, wie diese in den Zigarettenschmuggel involviert sind und von diesem profitieren. So wird in Ländern, in denen Zigaretten verboten sind, durch gewollten Schmuggel politischer Druck auf die Regierung aufgebaut. Sind die „Rauchopfer" erst einmal abhängig gemacht, bleibt der Regierung nicht viel übrig als Zigaretten zu legalisieren. Und dann können die Konzerne ungeniert hohe Preise verlangen.

Es geht viel um Werbung und wie diese den Status von Rauchen an sich beeinflusst. So ist Rauchen anfangs oft eine Männerdomäne. Im Verlauf der Zeit wirken die Konzerne dann auf einen (scheinbaren) Emanzipationsprozess hin – Plakate zeigen vermehrt rauchende Frauen. Und zunehmend sind Werbungen angefüllt mit coolen, jungen Menschen, die rauchen. Die Werbekampagnen suggerieren Freiheit und Unabhängigkeit der Rauchenden und verschleiern geschickt, dass das Rauchen in der Regel das Gegenteil mit sich zieht.

Rodung für den Tabakanbau und für dessen Trocknung verwandelt fruchtbare Böden und artenreiche Wälder allmählich in Wüsten. Es dauert einige Tage, bis die geernteten Tabakblätter getrocknet sind. Dieser Prozess vollzieht sich in speziellen Trocknungsgebäuden, für deren Heizanlagen immense Mengen Holz nötig sind.
In Analogie zur Gentechnik sind Knebelverträge mit den Tabakanbauern die Regel. Die Landwirte verpflichten sich, mehrere Jahre nur die Pflanzen eines Konzerns anzubauen, an den sie den Tabak dann auch verkaufen. Damit sind sie stark gebunden, um nicht zu sagen, die Bauern liefern sich den Konzernen aus.

Während im Buch die Zusammenhänge ausführlich erklärt werden, stellt der Film Kontraste dar. Im Film werden beispielsweise Kleinbauern und Menschen aus Anti-Tabakkampagnen interviewt. Beide Medien ergänzen sich sehr gut, ohne einfach nur zu wiederholen.

Der Begriff Rauchopfer wird bewusst weit gefasst. Es geht nicht nur um die Schädigung von TabakkonsumentInnen, sondern auch um soziale und ökologische Auswirkungen. Buch und Film sind gut recherchiert und eigentlich ein Muss für jeden Raucher und jede Raucherin! [fb]

*Peter Heller (2006):* **King Cotton.** *Medienpaket Baumwolle. filmkraft filmproduktion*

Vage wusste ich es schon: Mit Baumwolle ist das so eine Sache ... Irgendwo kreisen die Begriffe „Pestizide", „Monokulturen" und „Sweatshops" im Hinterkopf. Daraus hat mein Gehirn das kleine Dogma „Wäsche lieber Bio oder Second Hand besorgen!" gebastelt.

Das „Medienpaket" zum Thema Baumwolle hat es dann konkretisiert. Obwohl ich es vielleicht gar nicht so genau wissen wollte.

Zwei Filme ziehen einen sofort in die Thematik hinein. In „Cottonmoney oder Die globale Jeans" wird der Werdegang von Baumwolle von der Faser bis zum fertigen Produkt nachvollzogen. Im Film „Saubere Ernte" werden konventionelle und „Bio-Baumwolle" gegenübergestellt. Ein Dorf wird bei der Umstellung auf biologische Baumwolle begleitet.

Und obwohl damit Bioprodukte etwas idealisiert und die „Gesetze des Marktes" noch zu zaghaft kritisiert werden, so sind die Filme doch gute Einstiege in Fakten, Problemanalysen und konstruktive Lösungsansätze.

Neben den Filmen enthält das Paket umfangreiche Hintergrundfakten und eine kleine Broschüre mit Vorschlägen für eine mögliche Unterrichtsgestaltung. Die Medien sind zwar auf Pädagogen zugeschnitten, scheinen aber auch ideal für eine „Themenwoche Baumwolle" abseits von Schulzwang oder jegliche tiefergehende inhaltliche Auseinandersetzung.

Es ist ein liebevoll und engagiert aufgearbeitetes Produkt, das weder Mainstream- noch Massenware sein will.

[fb]

# Literaturempfehlungen, Quellen & Links

*Wir haben zugunsten der Lesbarkeit auf die Angabe mancher Quellen in den Texten verzichtet. Die Quellen findet Ihr hier, wenn sie nicht als Fußnoten im Text angegeben sind. Ebenso nennen wir an dieser Stelle spannende Bücher und Links zum Weiterlesen und Vertiefen. (Der Stand der Internetseiten ist November 2009.)*

Die Welt zwischen Kaufrausch und Krise
- Wikipedia-Artikel zu Weltwirtschaftskrise auf http://de.wikipedia.org/wiki/Weltwirtschaftskrise

Die ewige Saison/Gemüsejahr
- Umbrucharchiv: Plastikmeer am Rande Europas. Im Netz: http://www.umbruchbildarchiv.de/bildarchiv/ereignis/plastikmeer_almeria.html
- Erwin Wagenhofer, Max Annas (2006): We feed the world. Orange Press

Stowaways
- Kapitän setzt blinde Passagiere auf offener See aus". Berliner Morgenpost vom 31.05.2004
- Elke Spanner: „Futter für die Haie". Artikel aus der jungle world vom 09. Juni 1998, Hamburg
- „Kenia: Seeleute unter Verdacht, blinde Passagiere über Bord geworfen zu haben" aus Stern shortnews, 07.01.2006
- über Wilson O. und Justiano A.: Antirassistische Initiative Bundesdeutsche Flüchtlingspolitik und ihre Folgen vom 4.12.2006, geben selbst als Quellen an:
- ndr 5.12.0; HA 5.12.06; Welt 5.12.06;
- HA 6.12.06; Grosse-Seefahrt.de 6.12.06;
- ag Blinde Passagiere HH 7.12.06
- Michelle Homden: „Seeleute stehen vor politischen Herausforderungen" aus Katholische Seemannsmission Stella Maris vom 14.03.2007. Übersetzung Sebastian Fiebig
- Norman Berg: „Ins Wasser geschmissen wird keiner" Donnerstag, 5. Januar 2006, Linkszeitung, http://linkszeitung.de

Eene, meene, muh
- Werner, Weiss (2003): Das neue Schwarzbuch Markenfirmen. Deuticke

Tagebuch einer Blume
- Walt: Blumenhandel – Vom Feld zur Vase. National Geographic, April 2001
- Hartmut Netz: Faire Rosen für Verliebte. Online unter: www.nabu.de/nabu/nh/jahrgang2005/heft1/03206.html
- www.flower-label-programm.org
- www.fian.at
- www.fairflowers.at

Auf den Spuren der Zerstörung und des Widerstandes
- Thomas Hobbes (1986): Leviathan. Reclam

Regenwald von Sojabohne verschluckt
- Lanje, Kerstin (Hrsg.): Perspektiven für einen nachhaltigen „Stoffstrom Soja" zwischen Brasilien und Deutschland. Evangelische Akademie Loccum
- Lanje. Kersin (Hrsg.): Soja – so nein!? Evangelische Akademie Loccum

# Literatur

- www.projektwerkstatt.de/wiki/index.php/Sojabohne

Palmöl – oder: Würden Orang-Utans Margarine tanken?
- www.kolko.de (kolko e.V. – Menschenrechte für Kolumbien)
- Wikipedia-Artikel zu Palmöl auf http://de.wikipedia.org/wiki/Palmöl
- Rettet den Regenwald e.V. (2007): Regenwald Report Nr. 3/07

Musa paradisiaca: Meine wilden Abenteuer und Reisen
- Wikipedia-Artikel zu Bananen auf http://de.wikipedia.org/wiki/Bananen

Nordsee in Marokko
- Steinberger, Karin: Der weite Weg der Krabben. In: Süddeutsche Zeitung, 21.März 2004

Lachse – Delikatesse für einen hohen Preis
- Fisheries Research Services (2009): Environmental Impacts of Fish Farming. Online unter http://www.marlab.ac.uk/Delivery/standaloneCM.aspx?contentid=522
- Philip Bethge: Fische in Seenot. DER SPIEGEL: 27. Mai 2002, Online unter http://www.spiegel.de/spiegel/0,1518,198794,00.html
- Kalkinc, Studer (2001): Empfehlungen für gute Haltung und schmerzlose Tötung von Zuchtfischen. Verein fair-fish
- H.-J. Langholz (2002): Tiergerechte Haltung von Nutzfischen. In Methling, Unshelm: Umwelt- und tiergerechte Haltung von Nutz-, Heim- und Begleittieren. Parey Verlag
- Naturland (2004): Richtlinien für die ökologische Aquakultur
- Oidtmann, Hoffmann (2001): Schmerzen und Leiden bei Fischen. BMTW 114, 277-282
- Stead, Laird (2002): Handbook of Salmon Farming. Springer Verlag
- H. van de Vis (2003): Is humane slaughter of fish possible for industry? Aquaculture Research 34. 211-220
- Raincoast Research Society (2002): What is wrong with salmon farming?
- Bestnote für Zuchtlachs. Stiftung Warentest. 1/2005

Autoschrott für Afrika
- Buchert, Hermann, Jenseit, Stahl, Osyguß, Hagelüken (2007) Verbesserung der Edelmetallkreisläufe: Analyse der Exportströme von Gebraucht-Pkw und Elektro(nik)geräten am Hamburger Hafen. Publikationen des Bundesumweltamtes. Online unter http://www.umweltbundesamt.de/uba-info-medien/dateien/3199.htm

Der Müll mit der Menstruation
- Ökotest zu Tampons. Online unter http://oekotest.de/cgi/ot/otgs.cgi?doc=65688
- Wikipedia-Artikel zu Baumwolle, Viskose, Zellstoff, Polypropylen, Polyethylen, Menstruationsbecher finden sich auf http://de.wikipedia.org

Kaffee – eine Liebeserklärung
- Heinrich Eduard Jacob (2006): Kaffee – Die Biographie eines weltwirtschaftlichen Stoffes. Neuauflage. Oekom Verlag
- Wikipedia-Artikel zu Kaffee auf http://de.wikipedia.org/wiki/Kaffee
- Werner, Weiss (2003): Das neue Schwarzbuch Markenfirmen. Deuticke
- Musik zum Kaffee – CD von Melitta, 2001

Handy-Boom
- Dirk C. Fleck (2008): Das Tahiti-Projekt. Pendo Verlag

Handkarren
- Wikipedia-Artikel zu Venedig auf http://de.wikipedia.org/wiki/Venedig
- Donna Leon(2007): Mein Venedig. Diogenes Verlag Zürich

- *Frauke Ostermann, Isabell Pfülb (2002): Verkehr und Transport in Venedig. Online unter http://www.fraukespage.de/projekte/cad/hauptseite.htm*

Fortschritt mit Tempo?
- *Wikipedia-Artikel zu Papiertaschentuch auf http://de.wikipedia.org/wiki/Papiertaschentuch*
- *Rettet den Regenwald e.V. (2006): Der Tempokrieg. Online unter http://www.regenwald.org/regenwaldreport.php?artid=179*
- *Robin Wood (2006): Mit „Tempo" in die Armut. Online unter http://www.robinwood.de/german/trowa/urwaldpapier/index.htm*

Schritt für Schritt oder Revolution?
- *Tanja Busse (2008): Die Einkaufsrevolution – Konsumenten entdecken ihre Macht. Heyne*
- *Andreas Schlumberger (2006): 50 einfache Dinge, die Sie tun können, um die Welt zu retten und wie Sie dabei Geld sparen. Heyne Verlag*
- *Michael Ende (2005): Momo. Neuausgabe von Thienemann*
- *Gebrüder Grimm (1957): Die Märchen der Brüder Grimm. Goldmann Verlag*
- *Stiftung Freiräume (2005): Herrschaftsfrei Wirtschaften. Packpapierverlag*
- *Gruppe Gegenbilder (2005). Freie Menschen in freien Vereinbarungen. Projektwerkstatt Saasen*
- *Gruppe Gegenbilder (2005). Autonomie und Kooperation. Projektwerkstatt Saasen*

Konsum – Entdecke die Möglichkeiten!
- *Falk Beyer (2006): Selbstversorgung, Containern, Klauen, Bioregale & Co – „Vegane" Nahrungsmittelbeschaffung unter emanzipatorischen Blickwinkeln. grünes blatt. Online unter http://www.gruenes-blatt.de/index.php/2006-02:Vegane_Nahrungsmittelbeschaffung_unter_emanzipatorischen_Blickwinkeln*
- *„Lebensmittelvernichtung stoppen!" Online unter http://deu.anarchopedia.org/index.php/Projekte:Lebensmittelvernichtung_stoppen*
- *Sense.Lab e.V. (2009): fair, bio, selbstbestimmt: Das Handbuch zur Gründung einer FoodCoop. Books on Demand*
- *Urban Gardening Gruppe Berlin: http://coforum.de/?1227*
- *Julia Macher (2005): Yomango – Klauen für die Kunst. Deutschlandradio. Online-Beitrag http://www.dradio.de/dkultur/sendungen/kompass/381967/*
- *Zu Umsonstläden: http://coforum.de/?926*
- *Wikipedia-Artikel zu Umsonstladen auf http://de.wikipedia.org/wiki/Umsonstladen*

Bericht aus Utopia
- *Ernest Callenbach (1990). Ökotopia – Notizen und Reportagen von William Weston aus dem Jahre 1999. Neuauflage. Rotbuch Verlag*
- *Marge Piercy (2000). Frau am Abgrund der Zeit. Argument Verlag*
- *Dirk C. Fleck (2008): Das Tahiti-Projekt. Pendo Verlag*

Das Buch wird gefunden
- *Video: „Das Genie der Natur"; Folge 3: Energie ist der Schlüssel. Österreich 2006, Regisseur Alfred Vendl und Steve Nicholls. Online unter video.google.de/videoplay?docid=8876822827344930516*
- *Wikipedia-Artikel zu Bionik auf http://de.wikipedia.org/wiki/Bionik*

# Sachregister

*Hier findet Ihr einige Schlagwörter, um die es in den Texten geht. Diese Aufzählung behauptet nicht von sich, vollständig zu sein.*

Afrika 48, 51, 101, 102, 157
Apfel 24, 25, 27
Aluminium 58, 59
Almeria 20, 22
Alternativen 139, 146, 147, 174
Arzt 27
Aquakultur 94
AutorInnen 164
Autoschrott 102
Banane 40, 90, 91
Bakterien 27, 135
barfuß 34
Baumwolle 177
Bauxit 58, 59, 126
Besserwisser 9
Binden 108
Bio- 148, 151
Biokraftstoff 65, 79, 83
Blinder Passagier 40
Blumen 48
Böller 112
Brandrodung 65, 79, 83, 118
China 29, 45
Containern 148, 172
Dogmatismus 15
Ethanol 65
EuropäerIn 164
Fabrik 17, 29, 34, 45
FairTrade 174
Feierabend 18
Feuerwerk 112
Fisch 94
Fleisch 94
Fließband 17
Foodcoop 147
Fortschritt 133
Gold 51
Handkarren 130
Handy 126
Hygiene 27, 135
Kaffee 118
Kapitalismus 13, 139
Kaufrausch 12, 13, 18, 137
Kinderarbeit 45, 126

Klauen 148
Kooperative 150
Krabben 101
Kreuzworträtsel 144
Krise 13
Lachs 94
Laufschuhe 29, 34
Lösungen 146
Margarine 83
Menstruation 108
Menstrual Cup 108
Nordseekrabben 101
Öl 65, 83
Orang-Utan 83
Palmöl 83
Papiertaschentuch 133
PKW 102
Regenwald 65, 79, 83, 118
Revolution 139
Saison 20, 22
Schnittblume 48
Schnorren 150
Schreibgruppe 164, 168
Schuhe 29, 34
Second Hand 149
Selbstversorgung 147
Silvester 112
Soja 65, 79
Spielzeug 45
Stofftaschentuch 133
Tabak 176
Taschentuch 133
Tauschring 151
Tampon 108
Tomaten 20, 22
Tofu 79
Umsonstladen 147
Utopie 153, 157
Venedig 130
Wasser 172
Widerstand 51, 59
Zuckerrohr 65
Zukunft 153, 157

# Bildnachweis

*Kursiv gesetzte Namen bezeichnen die BenutzerInnennamen der UrheberInnen beim Internet-Fotoportal www.flickr.de. Da die verschiedenen Bilder unterschiedlichen Lizenzbestimmungen unterliegen, ist als Fußnote jeweils die zutreffende Lizenz mit angegeben.*

Alle Zeichnungen: **Franziska Brunn**[1]
S. 6, 10, 139, 160: *chantrybee*[2]
S. 13: *Rick Harris*[1]
S. 14: *Retinafunk*[1]
S. 19: *Paleontour*[2]
S. 24: **Ralf G. Landmesser**[3]
S. 25, 28, 41, 60, 68, 71, 73, 79, 82, 84, 90, 101 (Mitte), 113, 127, 165 (unten), 171: **Thomas Schaldach**[1]
S. 28: **Thomas Schaldach** (unter Verwendung von Fotos von *vladislav.bezrukov*, *Apfelherz*, *CelebroDesign* und *Andreas Schwind*)[1]
S. 29: *Fe Ilya*[1]
S. 30: *Charlie Brewer*[1]
S. 32: *crcollins*[1]
S. 33: **Nelson D.**[2]
S. 34: *martinhoward*[2]
S. 37: *nattu*[2]
S. 40: *Marvin Siefke*[2]
S. 43, 154: *mikebaird*[2]
S. 45: *t3rmin4t0r*[2]
S. 46: *marissaorton*[1]
S. 51, 52, 54, 55, 56: **FIAN**[3]
S. 63: **Shankar Narayanan**[3]
S. 65, 67: **Janine Matthiessen**[3]
S. 68, 73, 82: **Thomas Schaldach** (unter Verwendung von Fotos von **Janine Matthiessen**)[1]
S. 80: **Markus Mauthe/Greenpeace**[3]
S. 83: *David Masters*[2]
S. 84: **Thomas Schaldach** (unter Verw. von Fotos von *angela7dreams* und *oneVillage Initiative*)[1]
S. 86: *belgianchocolate*[2]
S. 88: *aj82*[1]
S. 101 (oben): *marfis75*[1]
S. 101 (unten): *naui*[1]
S. 102: *StephenMitchell*[1]
S. 103: *Rennett Stowe*[2]
S. 105: *egoroff*[1]
S. 106: *twicepix*[1]
S. 114: *Andy Macht*[2]
S. 118: *Stirling Noyes*[2]
S. 124: *Jeff Kubina*[1]
S. 131, 132: **Günter Wicker**[3]
S. 138: *KlausNahr*[1]
S. 140: *Carsten Lorentzen*[2]
S. 142: *anoldent*[1]
S. 156: *Hamed Saber*[2]
S. 157: *masochismtango*[1]
S. 162: *Chi King*[2]
S. 164: **Katharina von Szombathely**[3]
S. 165 (oben): **Tanja Weiße**[3]
S. 165 (Mitte), 166 (oben), 167: **Thomas Schaldach**[3]
S. 166 (unten): **Hartmann Jenal**[3]

---

1 http://creativecommons.org/licenses/by-sa/2.0/de
2 http://creativecommons.org/licenses/by/2.0/de
3 Alle Rechte vorbehalten

# Seitenhieb

**Kreativer Widerstand. Ökologie. Herrschaftskritik**

www.seitenhieb.info
Jahnstr. 30, 35447 Reiskirchen
Tel.&Bestell-Fax 0700-73483644

## Umwelt.

**Aktionsmappe Umwelt**
Leitfaden für Umweltaktive: Aktionstipps, Finanzbeschaffung, Pressearbeit, kommunalpolitische Forderungen. A4-Ordner, 15 €

**Themen-CDs**
Dokumente, Broschüren, Filme, Ausstellungen und Kopiervorlagen für Aktionen. Je CD-ROM 5 €

**Fragend voran**
A5-Bücher zu umstrittenen Themen – aus verschiedener Perspektive beleuchtet. Bisher erschienen: Ökonomie, Tierrechte, Strafe. Je A5, ca. 100 S., je 4 €.

**Autonomie & Kooperation**
Entwürfe für eine herrschaftsfreie Organisierung von Bildung, Umweltschutz, Wirtschaften und Alternativen zur Strafe. A5, 196 S., 14 €

**Seilschaften in der Gentechnik**
Das brisante Heft zum Filz zwischen Behörden, Konzernen, Forschung und Lobby. 32 S., 4 €

## Politik.

**Demokratie**
Buch zur grundlegenden Kritik an Volk und demokratischen Verhältnissen. 208 S., 14 €

## Organisierung.

**Reader für Aktionen**
Tipps in Hülle und Fülle für Aktionen auf der Straße, in Gebäuden usw. A4, je 68 S., 6 €

**HierarchNie!-Reader**
Kritik an Hierarchien und viele Methodentipps für Dominanzabbau und kreative Gruppenprozesse. A4, 72 S., 6 €

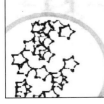

# Pressestimmen

*Reaktionen einschlägiger Autoritäten auf das angekündigte Erscheinen des Weltreise-Buches:*

„Weltreise? Nein, danke. Wir geh'n nicht aus Friedrichshain raus!"
Berliner Ottonomes Tageblatt

„Ich werde das Buch wohl nicht weglegen können, bevor ich es nicht ganz gelesen habe."
Heike Elfenreich

„Bücher wie dieses pflastern den Weg zur Hölle!"
Gottlieb Selbstgerecht

„Kaufen, kaufen, kaufen! Alles, nur nicht dieses Buch!"
Karla Kaufrausch

„Ich denke, ich werde es verfilmen!"
Ernd Beichinger

„Ein unmögliches Buch!"
Marcel Streich-Radieschen

„Der Film hat mir besser gefallen!"
Ferona Weltbusch

„Von Anfang an beschlich mich der Eindruck, dass diesem Buch der nötige Ernst für ein derart sensibles Thema fehlt. Schade, Genossen und Genossinnen!"
Grethar Bysi

„Isch glaube, wer dieset Buch liest, der weiß Bescheid! Verstehste?"
Horst Schlimmer